从零开始学
抖音短视频运营和推广
第3版

彭曙光◎编著

U0274738

清华大学出版社

北京

内 容 简 介

本书共分为11章，包括初步了解，快速入门；快速打造红人IP；爆款视频，稳上热门；吸粉技巧，爆发引流；投放DOU＋，管理技巧；站外引流，聚焦流量；打造爆款，内容引流；有偿广告，推广盈利；线上线下，商业盈利；直播卖货，提升盈利；视频带货，提升销量等内容。帮助运营者全面掌握利用短视频引流盈利的各种运营和推广技巧，从入门新手变成抖音短视频运营和推广的高手！

本书适合想要学习抖音短视频运营和推广的新手，或是自媒体和短视频相关行业的从业人员。

图书在版编目(CIP)数据

从零开始学抖音短视频运营和推广/彭曙光编著. —3版. —北京：清华大学出版社，2024.6
ISBN 978-7-302-66369-0

Ⅰ.①从… Ⅱ.①彭… Ⅲ.①网络营销 Ⅳ.①F713.365.2

中国国家版本馆CIP数据核字(2024)第107745号

责任编辑：张　瑜
封面设计：杨玉兰
责任校对：李玉茹
责任印制：沈　露
出版发行：清华大学出版社
　　　　　网　　　址：https://www.tup.com.cn, https://www.wqxuetang.com
　　　　　地　　　址：北京清华大学学研大厦A座　　　　邮　　编：100084
　　　　　社 总 机：010-83470000　　　　　　　　　　邮　　购：010-62786544
　　　　　投稿与读者服务：010-62776969, c-service@tup.tsinghua.edu.cn
　　　　　质量反馈：010-62772015, zhiliang@tup.tsinghua.edu.cn
印 装 者：三河市人民印务有限公司
经　　销：全国新华书店
开　　本：170mm×240mm　　　　印　　张：15.25　　　　字　　数：287千字
版　　次：2018年9月第1版　 2024年6月第3版　　　　印　　次：2024年6月第1次印刷
定　　价：69.80元

产品编号：100345-01

前言

如果 2008 年您错过了淘宝的红利，2010 年您错过了微博的红利，2013 年您错过了微信的红利，难道 2024 年您还要错过抖音短视频的红利吗？本书将帮助您实现从草根到抖音营销高手的华丽蜕变！

您已无法拒绝抖音！

您可以不玩抖音，但是抖音的用户已经越来越多！

您可以不重视抖音，但是抖音已经时时在影响您的工作、生活！

您可以不做抖音营销，但是您的竞争对手已经开始做了！

您是否也有以下这些困惑：

（1）做抖音营销比较晚，现在从零开始，不知道从哪儿入手，还有机会吗？

（2）企业在抖音上花费大量时间、精力、金钱，但一直没有效果，是什么原因？

（3）已经有一定粉丝基数，但是粉丝数量一直涨不上去，应该怎么办？

（4）如何通过抖音盈利？

如果您也遇到了以上这些情况，不要焦虑，因为有超过 80% 的抖音运营人员都有同样的困惑！移动互联网时代，得粉丝者得市场！

笔者一直秉承"实践出真知！写我所做，做我所写！"的风格，本书也是继笔者的《曙光微博营销实效五步法掘金秘籍》光盘、《社会化媒体营销掘金秘籍——曙光微博营销实效五步法》图书及《曙光教您玩转微信营销》光盘出版之后的第四部关于新媒体营销及社会化媒体营销的作品。

笔者从 2011 年开始微博营销研究与培训，2012 年开始微信营销研究与培训，2017 年开始抖音营销研究与培训，现在从事的工作就是抖音营销、微信营销、微博营销的培训与咨询服务。笔者每月定期线下开课，也经常受邀到各大企业进行指导与培训。

目前，笔者在新媒体营销培训领域小有名气，可以说抖音、微信与微博很大程度上提升了笔者的收入水平，甚至改变了笔者的命运。本书的实操性很强，没有太多的华丽语言，也没有太多的理论宣讲，更多的是教大家如何熟练地进行抖音营销。通过本书，笔者将自身所积累的抖音营销经验分享给您，帮您实现通过抖音传播品牌并达到营利的目的。

本书的写作思路主要是围绕抖音的运营、引流、盈利来展开，具体内容如下。

第一篇：运营篇。本篇主要帮助大家了解抖音账号的运营机制、抖音账号的定位、视频内容制作及打造热门视频的技巧。定位是一切营销的基础，定位决定地位。本篇内容是做抖音运营前必须掌握的基础内容，值得读者认真学习。读者应根据自己的企业及产品的实际情况，做好企业及个人抖音营销的定位，为接下来的引流打好基础。

第二篇：引流篇。本篇主要教大家怎样引流及发展粉丝。引流分为抖音内部引流及外部引流，本篇通过介绍吸粉技巧、投放 DOU＋、站外引流、内容引流等几个方面的方法及技巧，来为接下来的盈利打好基础。

第三篇：盈利篇。常见的盈利方式有广告盈利、商业盈利、直播盈利以及视频带货盈利等，本篇从各个角度阐述盈利的模式及技巧。

本书的写作遵循了一定的逻辑顺序，从客户如何知道您的抖音短视频账号，到了解您的抖音、喜欢您的抖音短视频账号，再到传播您的抖音短视频账号，最后使您的抖音短视频账号转变成自媒体。这个过程是由浅入深的，您的抖音短视频账号也会越来越有价值和竞争力，这也是笔者在实践过程中深刻体会到的抖音短视频账号营销成功的路径。

笔者认为，抖音短视频账号营销的最高境界是让您的粉丝、客户、员工变成您的无偿宣传员，这也是本书中试图给大家传递的信息之一。因此，在开始阅读本书时，希望大家能记住笔者总结的抖音营销的核心理念，以达到更好的学习效果：我的粉丝不一定是我的客户，但我要通过我的粉丝去影响我的客户！

最后，再次感谢广大读者对曙光的支持、认可、帮助与信赖！由于作者水平有限，书中疏漏之处在所难免，敬请广大读者批评和指正！

编　者

目 录

【运营篇】

【运营篇】

第 1 章

初步了解，快速入门

学前提示：

如今，最火爆的短视频平台，可以说非抖音莫属了。从 2016 年上线开始，抖音在短短几年的时间内已经催生了大量的"网红"，同时也带火了一系列产品。抖音成为一个拥有巨大流量的平台，各大品牌以及运营者都想在其中分一杯羹。

本章将介绍抖音的平台特点、界面功能和账号设置等，帮助大家快速掌握抖音平台运营的基本功能。

要点展示：

➤ 抖音入门，基础知识

➤ 账号设置，初步吸粉

1.1 抖音入门，基础知识

如今，在这个快节奏的时代，短视频的发展趋势已经不可阻挡。在众多短视频平台中，抖音因其巨大的流量、各年龄段的用户以及不可估量的商机脱颖而出，成为各大品牌入驻短视频平台的不二之选。那么，抖音究竟是一个什么样的平台呢？本节将进行详细的介绍。

1.1.1 抖音社交，平台内容

抖音是于 2016 年 9 月上线的一款音乐创意短视频社交软件，是一个面向不同年龄段的短视频平台，如图 1-1 所示。运营者可以通过这款软件选择歌曲，拍摄音乐作品，生成自己的作品并发布。

图 1-1　抖音 App 软件下载界面和进入抖音平台的推荐界面

抖音的口号是"记录美好生活"，其目标用户为全年龄段用户，其产品形态是短视频，其愿景是打造记录美好生活的短视频平台。

Quest Mobile（北京贵士信息科技有限公司）数据显示，抖音和抖音极速版（未去重）在 2022 年 1 月的日活跃用户数达 5.43 亿人，抖音主站人均单日使用时长为 108.7 分钟，且两项数据均在稳定增长中。抖音平台用户黏性稳步提升，现在正是抖音平台运营的红利期。图 1-2 所示为百度指数中的抖音 PC 端及移动端的搜索量，可以看到 2018 年整体数据攀升幅度很大。自此之后，抖音的热度一直居高不下。

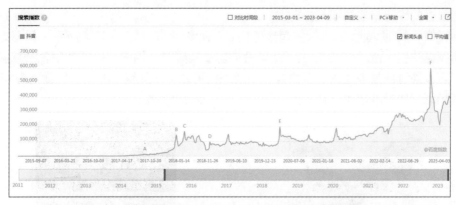

图 1-2 抖音在百度指数中 PC 端及移动端的搜索量

现在市场上同类短视频 App 很多，为什么抖音能脱颖而出呢？下面首先来简单了解一下它的平台特点和内容特点。

1. 平台特点

抖音是字节跳动开发的一款短视频社交 App，抖音虽然与今日头条都是隶属于字节跳动旗下的应用软件，但在品牌调性上和今日头条不同。今日头条的品牌调性更接近快手，用户基本集中在三、四线城市以及广大农村，其内容比较接地气，而抖音最初针对的大多是一、二线城市的年轻用户，通过新潮和有趣的方式为年轻人服务，这样的策略让抖音能够迅速站稳脚跟。目前，抖音也已改变策略，成为面向全年龄段的短视频平台。

在功能方面，抖音与快手非常相似，两款社交短视频产品也经常被进行比较，它们最大的区别是品牌调性和用户画像，快手更加"真实"和"接地气"，而抖音更加"高级"和"新潮"。

专家提醒

品牌调性是基于品牌或产品的外在表现而形成的市场印象，品牌调性相当于人的性格。

2. 内容特点

抖音最初的定位是"音乐短视频 App"，内容主要是音乐类视频，还有一些其他才艺表演视频，后来随着用户量的增长，其内容也越来越丰富、多元。打开抖音 App，可以看到各种美妆推荐、搞怪变装、美食制作、搞笑萌宠、时事新闻以及趣味恶搞等短视频，抖音短视频给人最直观的感受就是有创意、有趣、高颜值、新潮和高级，如图 1-3 所示。总之，抖音之所以能从众多短视频 App 中脱颖而出，关键就是这些好玩有趣的视频内容。

其实，其他 App 也有很多有趣的内容，如快手等，如图 1-4 所示。抖音之所以能超越这些 App，主要归功于用抖音拍摄小视频时，用户可以添加很多玩法和特效，可以通过视频拍摄的速度快慢，以及原创特效（如反复、闪一下和慢镜头等）、滤镜和场景切换等技术，让视频一秒变大片，更具创造性。

图 1-3　抖音推荐的有趣短视频　　　　图 1-4　快手 App "精选"界面

抖音的运营者们能够迅速捕捉到流行的味道，然后抓住风口，模仿拍摄，所以抖音中的短视频总是当下最新潮的。用抖音拍摄制作短视频，难度低且易上手，再加上抖音的配乐，通常是一些富有节奏感的音乐，让用户更加想要跟风拍摄。

以上就是抖音平台的特点和优势，对于用户来说，每天无聊时打开 App 就能看到各种好看、好玩、有意思的视频，为平凡枯燥的生活增添了很多乐趣。当有想法和创意时，又可以快速创作出酷炫的大片作品，展示自己的高颜值和才艺，满足自己的表现欲和创作欲。另外，抖音的社交属性还可以让用户看到并认识很多有趣的朋友，所以说抖音的"火"也是一种必然。

1.1.2　抖音平台，精准定位

抖音 App 之所以能够快速火爆起来，离不开其精准的产品定位，主要包括以下几个方面。

（1）市场定位：深度挖掘和开发本土市场，基于国内不同年龄段用户的喜好和口味来打造产品。

（2）平台定位：抖音的平台是依赖平台强大的大数据技术优势，加上互联网的搜索结果，打造基于 AI（Artificial Intelligence，人工智能）来"记录美好生活"的短视频平台，如图 1-5 所示。

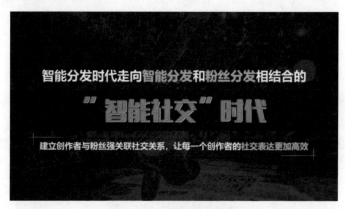

图 1-5　抖音的平台定位

（3）用户定位：抖音平台更多的是针对普通的年轻用户群体，社交属性非常强，从而生成更多的优质 UGC（User Generated Content，用户原创内容），如图 1-6 所示。

图 1-6　抖音的用户定位

（4）营销定位：基于"智能＋互动"的营销新玩法。企业运营抖音的目的无非就是做品牌营销、扩大品牌影响力。但这只是笼统的概括，更深层次的目的是，在短视频领域积累品牌自身的流量池，并尽量与其他平台的流量池互连互通，互相导流。

专家提醒

短视频平台的发展非常迅速，其算法推荐机制非常高效。用户点赞一个视频的动力远远超过关注一个账号，这对运营者而言并非好事，运营者更需要的是用户关注账号，以便后续的触达、转化以及变现。

1.1.3 抖音趋势，带货营销

从 2018 年年初开始，抖音就已经慢慢地挤掉了微信、微博和今日头条等一系列应用，长期占据了各大应用商店的下载榜第一名。越来越多的品牌开始进驻抖音，在这个充满"魔性"的内容社区中，创造出了丰富的新潮营销方法。图 1-7 所示为抖音平台的品牌营销趋势。

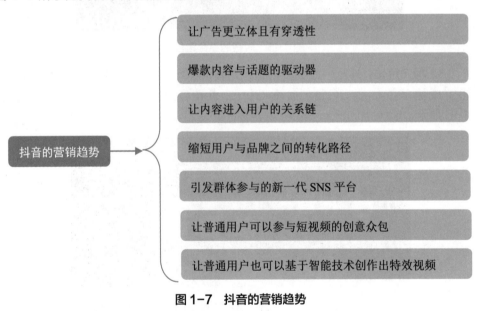

图 1-7 抖音的营销趋势

专家提醒

SNS 的全称为 Social Network Services，即社会性网络服务。

抖音是目前非常火爆的一个短视频平台，很多人和企业都在使用抖音，其中不乏人民网、阿里巴巴集团、美团外卖等大型机构和企业，如图 1-8 所示。同时，抖音平台上还有很多明星在不断加入，很多官方机构也加入了抖音。

图 1-8　人民网和阿里巴巴集团在抖音平台的官方账号

在市场方面，抖音的推广和带货能力都很强，大部分运营者通过带货、接广告以及直播等渠道都能实现一定程度的流量变现。随着抖音从一、二线城市开始向三、四、五线城市扩展，用户越来越多，市场也会越来越好。

1.1.4　抖音运营，智能推荐

虽然抖音与今日头条的定位不同，但字节跳动公司把今日头条的运营机制和智能推荐算法用到了抖音平台上。对于新用户，抖音会优先推荐播放量以及点赞量较高的优质视频，快速地吸引并留住用户。

而在后续的使用中，抖音还会根据用户的地理位置、年龄以及喜好，来不断优化自己的算法，从而不断贴近用户的审美和偏好。很显然，抖音凭借着以下几个特色走在了其他竞争者的前边，如图 1-9 所示。

在运营机制上，抖音集各种优点于一身，甚至很多用户戏称"抖音有毒"，会消耗人们大把的碎片化时间，"凌晨还在看，不看睡不着"的现象很常见。同时，明星入驻，在国外爆火，更加说明了抖音的崛起绝不是偶然。

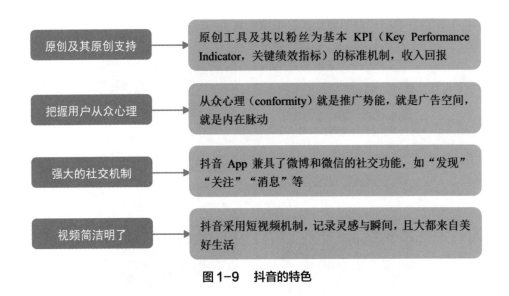

图 1-9 抖音的特色

1.2 账号设置，初步吸粉

抖音的运营细节和运营技巧具有同样的逻辑。试想一下，用户在刷抖音的时候，通常是利用碎片化的时间快速浏览，当他浏览到一个页面的时候，什么内容会让他停下来呢？

用户停下来最根本的原因是被表面的东西吸引了，并不是具体的内容，内容是用户点进去之后才能看到的。那么，表面的东西是什么？其包括运营者所运营账号的整体数据和封面图，以及账号对外展示的东西，如名字、头像、简介和标题等。接下来，本节介绍账号设置的相关步骤。

1.2.1 注册抖音，账号类型

抖音账号的注册流程比较简单，运营者可以直接用手机号进行验证登录，同时，运营者也可以直接使用头条号、QQ 号、微信号和微博号等第三方平台账号进行登录，如图 1-10 所示。图 1-11 所示为使用 QQ 号进行授权登录。

如果运营者深度体验过抖音，就可以发现抖音上推荐的账号可以划分为两大类："过把瘾就完了"和"次爆款专家"。

1. 过把瘾就完了

大多数抖音账号都属于"过把瘾就完了"类型，这类账号的明显特点就是，有爆款视频推荐给用户，爆款视频的点赞量可能是数十万到数百万。但是，翻开他的主页会发现，这类账号其实发布过不少短视频，但大多数的视频都不温不火，没有太高的点赞量，能在推荐中看到的视频仅仅是该账号的少数几个爆款视频之一，如图 1-12 所示。

图 1-10 抖音登录界面　　**图 1-11 用 QQ 号进行**　　**图 1-12 "过把瘾就完了"的**
　　　　　　　　　　　　　　授权登录　　　　　　　　**账号案例**

这类账号的爆款视频更多因素是偶然，偶然在生活中拍到了一些有意思的场景，或者自拍一些舞蹈之类的内容，某一个或几个视频偶然火了。事实上，他拍摄的大多数内容都不太成功，也就只能"过把瘾"，难以持续产出高质量的内容，用户看到这种情况以后并不会产生关注的冲动。

这种"过把瘾就完了"的账号是大多数个人和企业的现状，当然，还有更多的从来没出过爆款的账号。粗略估计，这类账号的总点赞量和关注量比例多数在 10∶1 以下，如果是视频不多的新账号，或者有颜值优势，或者品牌名气大，可能关注转化的比例会更高一些，能达到 5∶1 左右。

但总体来说，这类账号并不应该是运营者所追求的，用户对于视频内容的评价太不稳定，一定程度上要靠运气，而且关注比例过低容易导致运营效率并不高。

2．次爆款专家

这类账号的主要特点就是，大多数视频的点赞量都不算特别高，可能都处于几万到几十万的区间内，或者偶尔会有上百万点赞量的视频，但是不多。不过，这类账号有一个特点就是，每个视频的点赞量大致相同，不会出现只有几百点赞量的情况。

这类账号的视频都能获得一定的传播量、点赞量，但很难达到整个抖音平台的爆款视频的高度，因此将其称为"次爆款专家"，如图 1-13 所示。

"次爆款专家"账号更多是团队体系化运营的结果，不少是新媒体内容公司运营的相关账号。与"过把瘾就完了"类账号的不同之处在于，"次爆款专家"类的作品质量较为稳定，针对人群可能会比较集中、精准。当用户被推荐了一个这样的视频后，通常会去查看该账号还有没有类似的视频，当他看到账号的视频列表，发现其内容都是同一种风格且质量稳定时，很可能就会关注该账号。

这种"次爆款专家"账号不但视频质量、点赞量和播放量都比较稳定，而且能够将用户转化到自有的流量池中，以便后续深入挖掘用户的价值。粗略估计，这类账号的点赞量与关注量比例多在 10：1 以上，若是内容足够精准，或者更加有趣，这个比例甚至能达到 2：1 以上。总体来说，这种稳定、优质、高转化率的"次爆款专家"账号是运营者运营抖音账号的目标。

图 1-13　"次爆款专家"的账号案例

3. 为什么会出现这两类账号

当然，抖音上还有许多杂七杂八的小账号和一大堆不知名的账号，但上面这两种账号可以明显区分出来。为什么会慢慢出现这两大类账号呢？

这要从抖音的视频推荐机制说起，抖音采用的是一种"流量赛马机制"，简单来说就是：拍好的新视频会先给一点小流量，然后根据同类视频对比各项指标（比如点赞量和播完率等），最后将数据与同类视频进行 PK，胜出后再逐渐多给些流量。

这样只要视频的各项指标够好，就能不断地获得新增的流量，如果在某个 PK 环节中被比下去，那么平台就不会再给更多的流量。这个"流量赛马机制"其实跟各种比赛选秀 PK 的规则差不多。

但是，正因为抖音的这种"流量赛马机制"，那类"次爆款专家"的账号也仅仅止步于"次爆款"，因为这类账号所面向的人群往往相对精准，没有那么大众。

当系统给予符合其目标人群的流量时，其视频内容会快速传播起来，但当给予的流量超出其目标人群时，数据就不一定很好了，最终无法 PK 胜出来获得更多流量，这也是"信息茧房"效应。

例如，假如你是做苹果手机使用教程的视频，如果视频质量好，你的视频就会在苹果用户中快速传播。但是，如果系统给了你安卓用户的流量，那么视频的各项指标就会被拉下来，系统就不会给你更多的安卓流量了。

专家提醒

  关于"信息茧房"效应，这里引用百科的定义："信息茧房"是指主动或被动地只关注自己感兴趣的信息，从而形成信息壁垒。

  当然，一些大众娱乐类的账号就会好很多。比如喜剧类的，面向人群很广，但不可能每个运营者做抖音账号都去发段子。另一方面，那些"过把瘾就完了"的账号可能某个视频正好戳中了大众心理的需求点而爆红起来，但运营者却难以复制。

1.2.2　账号加 V，更加完美

  运营者要想在抖音平台上占据一方阵地，首先要有账号。有了账号，能发布视频还不够，还必须认证，这样才能有一定的身份。

  运营者可以在抖音的"设置"界面中选择"账号与安全"选项进入其界面，如图 1-14 所示。然后选择"申请官方认证"选项，如图 1-15 所示。进入"抖音官方认证"界面，可以看到不同的身份认证，分别是"职业认证""优质创作者认证""企业认证""机构认证""电商优质作者认证""抖音课堂认证"，如图 1-16所示。

图 1-14　选择"账号与安全"选项　　**图 1-15　选择"申请官方认证"选项**　　**图 1-16　"抖音官方认证"界面**

  申请之后，运营者只需等待抖音官方的审核，资料属实的情况下，审核会很快通过。审核通过后会在个人资料里显示"官方认证"的字样，个人认证标志为黄色的 V，组织认证标志为蓝色的 V，经营角色认证标志为红色的 V，如图 1-17 所示。

图 1-17　官方认证账号示例

专家提醒

如果运营者是进行机构认证，则还需要上传一些机构证明资料。

　　同样的内容，不同的账号发出来的效果是完全不一样的，尤其是认证和没有认证的账号，差距非常大，为什么会出现这种情况？因为抖音平台在给运营者一定流量和推荐的时候，其实也是根据运营者的账号权重来看的。

　　运营过今日头条的运营者就会发现，老账号的权重和新账号的权重，以及开了原创和没有开原创的账号，它们的区别很大。在抖音上面也是一样的，一个没有加V 的账号很难在信服度上超过一个加 V 的账号，因此账号包装非常重要。

　　当运营者注册抖音账号后，即使是付费，也要让账号绑定一个认证的微博，同时运营者的抖音账号也会显示加 V。如果头条号已经是加 V 的，也可以绑定头条号，同时还可以绑定火山小视频、微信、QQ 以及手机号等，所有的真实信息全部完善，这样账号包装才能做到非常完美，此时再发布内容，得到的流量和推荐会更多。

1.2.3　名字优势，简单易记

　　抖音的名字需要有特点，而且最好和定位相关。美食博主可以在账号名称中表明账号内容与方向，例如"爱做菜"，名字特别而且通俗易懂，如图 1-18所示。

　　抖音修改名字也非常方便，运营者可以进入"我"界面，点击"编辑资料"

按钮进入其界面，选择"名字"选项，如图 1-19 所示。进入"修改名字"界面，如图 1-20 所示，在文本框中输入新的名字，点击"保存"按钮，即可修改账号名字。

图 1-18 　"爱做菜"账号　　图 1-19 　选择"名字"选项　　图 1-20 　"修改名字"
　　　　　　主页界面　　　　　　　　　　　　　　　　　　　　　　　　　　界面

抖音名字设定的基本技巧如图 1-21 所示。

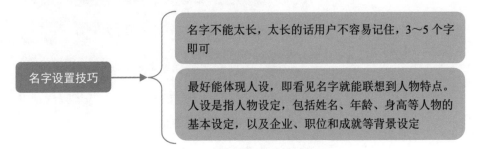

名字设置技巧

名字不能太长，太长的话用户不容易记住，3～5 个字即可

最好能体现人设，即看见名字就能联想到人物特点。人设是指人物设定，包括姓名、年龄、身高等人物的基本设定，以及企业、职位和成就等背景设定

图 1-21 　抖音名字设定的基本技巧

1.2.4　头像设置，展现特点

抖音账号的头像也需要有特点，运营者必须展现自己最有特点的一面，或者展现企业的良好形象。运营者可以点击"编辑资料"按钮进入其界面，点击头像或者"点击更换头像"按钮即可修改，有两种选择头像的方式，分别是"拍一张"和"相册选择"，如图 1-22 所示。另外，在"我"界面中点击头像，不仅可以查看头像的大图，还可以对头像进行编辑操作以及保存图片，如图 1-23 所示。

图1-22 更换头像的两种方式

图1-23 查看头像的大图

抖音头像设定的基本原则如图1-24所示。

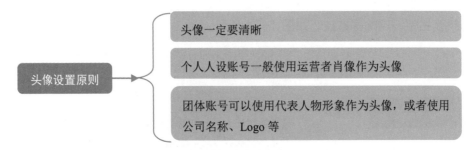

图1-24 抖音头像设定的基本原则

1.2.5 个人简介，简单易懂

抖音的账号简介通常简单明了，用一句话解决，主要原则是"描述账号＋引导关注"，基本设置技巧如下。

- 前半句描述账号特点或功能，后半句引导关注，一定要明确出现关键词"关注"，如图1-25所示。
- 账号简介可以用多行文字，但一定要在多行文字的视觉中心出现"关注"两个字。
- 用户可以在简介中巧妙地推荐其他账号，但不直接引导加微信等，如图1-26所示。

图1-25　在简介中引导关注或有关注字样　　　　图1-26　推荐其他账号

1.2.6　作品封面，吸粉特质

抖音封面能够决定用户对作品的第一印象，如果封面足够吸引人的话，还能够给运营者增加很多人气。如果是真人出镜的抖音号，发布短视频时封面要有主人公，尽量将封面图做到精致，这一点可以参考电影海报，如图 1-27 所示。

图1-27　精致封面图的短视频案例

建议运营者结合要输出的内容展现特点，有设计性地去做一张封面图，基本技巧如图 1-28 所示。

能发封面图的一定要做封面图，比如剧情类、实用知识类视频

能在封面图上做标题的，一定要加上标题，用字体、颜色或者字号的变化来突出主题，一方面可以吸引用户阅读，另一方面还能方便用户点击

封面设置技巧

封面图最少 22 帧，一般时间留够 1 秒即可，也可以专门针对那 1 秒的视频做一些效果处理，让它更适合作为封面图

封面图的背景要干净，颜色尽量单一，且有一定的视觉冲击力

图 1-28 抖音封面设定的基本技巧

另外，抖音默认为封面设置动态展现效果，进入个人主页后，可以看到很多作品的封面都是动态展示的，此时那些有趣的内容就能够吸引用户点击观看，如图 1-29 所示。

图 1-29 动态封面效果展示图

当然，也有一些粉丝不是很喜欢这种动态封面效果，此时运营者可以根据需要来选择关闭动态封面功能，具体操作如下。

选择"设置"选项，如图 1-30 所示。进入"设置"界面，选择"通用设置"选项，如图 1-31 所示。

进入"通用设置"界面，"动态封面"功能为开启状态，点击"动态封面"右侧的按钮即可将此功能关闭，如图 1-32 所示。

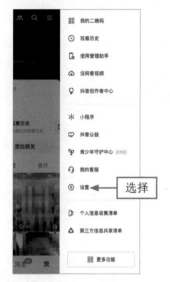

图 1-30 选择"设置"选项

图 1-31 选择"通用设置"选项

图 1-32 关闭"动态封面"功能

第 2 章

快速打造红人 IP

学前提示:

不是每个运营者都是"大 V",但不想成为"大 V"的运营者不是好的抖音运营者。虽然大部分视频只是短视频,但很多时候都不是简单的十多秒。定位的意义和重要性人尽皆知,再加上抖音对视频质量要求较高,因此运营者们在定位上要下苦功。

要点展示:

➢ 账号定位,垂直细分
➢ 用户定位,分析特征
➢ 内容定位,搜集整理

2.1　账号定位，垂直细分

从一个抖音新账号开始，不管是个人号还是企业号，运营者首先要定位的就是原创号，尽量自己拍摄、制作视频，而不是简单的转发，这是最基本的条件，接着就是做好账号定位。账号定位直接决定了运营者的涨粉速度、变现方式、赚钱多少、赚钱难度以及引流效果，同时也决定了运营者的内容布局和账号布局。

2.1.1　个人 IP，垂直定位

首先，一个抖音账号要有明确清晰的定位，做垂直领域的内容。现在抖音垂直领域的视频接近饱和，更好的创意需要另辟蹊径，开发全新的领域。

以抖音上爆火的一个账号"是不是"为例，该账号开拓了"烧脑悬疑推理"这一视频领域，利用真人演绎、情景再现的形式精心制作了一系列悬疑推理视频，利用"海龟汤"游戏玩法，吸引大量的评论，如图 2-1 所示。该领域视频内容在抖音平台较少，但却拥有大量的爱好者，这是因为优质的悬疑故事总能激起用户的关注和点赞。

图 2-1　"是不是"抖音账号界面及其视频作品

例如，该账号发布的某个视频，在一分钟内讲述了关于饺子的故事，如图 2-2 所示。女生做的饺子很好吃，男生从没有吃到过比女生做得更好吃的饺子，但在女生的带领下不断试吃不同的饺子店，在某家店突然吃到了与女生做的味道一样的饺子，这时女生的眼神突然变得凶狠。以此引导观众发出疑问，营造悬念丛生的氛围，最后解答观众的疑问，揭开故事谜底，可谓制作精良。

整个故事疑窦丛生，堪比悬疑电影，解密过程中的一问一答扣人心弦。在视频

的结尾处会公布整个故事的来龙去脉，给人恍然大悟的感觉，如图 2-3 所示。

图 2-2　"是不是"短视频内容截图画面　　　**图 2-3　公布故事情节及内容**

抖音账号定位的核心秘诀就是：一个账号只专注一个领域（垂直定位），不能今天发美食，明天发英语，后天发游戏。运营者在布局抖音账号时，应重点布局 3 种类型，如图 2-4 所示。同时，运营者在制作视频内容的时候必须做好定位，而且不能太随意，否则到了后面，运营者就会发现越更新越难，越更新越累，乃至没有内容可更新。

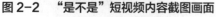

抖音账号应重点布局的 3 种类型

行业号布局：需要确定所在行业的目标人群、行业特点以及能够提供的内容价值

专家号布局：需要有专业知识或技能，能够提供专业的建议和解决方案

企业号布局：需要确定品牌形象和目标人群，并能够通过内容展示企业的产品、服务、文化和品牌形象

图 2-4　重点布局的 3 类抖音账号

简单来说，一个抖音账号只定位一个领域的内容，只定位一类人群，其他内容就不要在这个抖音账号分享了。

比如，某个抖音账号的定位是视频营销，那么关于社群营销和网络推广等其他方面的内容就不要在这个账号分享了，因为视频营销和社群营销的人群表面看上去一样，但真正吸引过来的目标客户群体完全是两个群体。因为这两个群体关心的问题不一样，一个是关心怎么通过视频开发新客户，一个是关心怎么利用社群开发新客户，当然不可能是同一类人群。

2.1.2 竞品分析，优化定位

竞品主要是指竞争产品，竞品分析就是对竞争对手的产品进行比较、分析。运营者在做抖音的账号定位时，竞品分析非常重要，如果该领域的竞争非常激烈，除非有非常明确的优势能够超越竞争对手，否则不建议进入。竞品分析可以从主观和客观两方面同时进行，主要方法如图2-5所示。

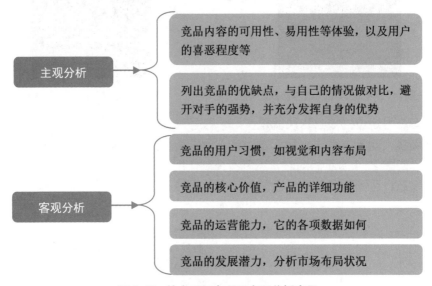

图2-5 从主观和客观两方面分析竞品

专家提醒

运营者在做竞品分析时，同时要做出一份相应的竞品分析报告，内容包括体验环境、市场状况、行业分析、需求分析、确定竞品、竞品对比（多种分析方法）、商业模式的异同、业务/产品模式的异同、运营及推广策略、归纳和结论等。

竞品分析可以帮助运营者更好地找到内容的切入点，而不是竞争对手做什么内容，自己就跟着做什么内容，这样做最终会走向内容同质化严重的误区。

所以，运营者一定要多观察同领域的热门账号，及时地了解对手的数据和内容，这件事需要运营者持之以恒地去做，这样可以有效提升自己账号的竞争优势。即使运营者不能击败自己的竞争对手，也一定要向其学习，这将帮助运营者更有效地做好自己的抖音定位和运营优化。

2.1.3　视频内容，深度垂直

账号定位好之后，接着就是做深度内容了。说白了，就是只更新跟运营者当前定位的领域相关的内容，其他领域在这个抖音账号不用分享。

为什么只更新深度内容？还是那句话：什么样的定位，就会吸引什么样的目标人群。所以，运营者有什么样的定位，直接决定了账号要更新什么样的内容，也决定了账号的运营方向，以及运营者最终该靠什么赚钱，这些都是由定位决定的。

例如，"懒饭"是由一款叫作"懒饭美食"的 App 注册的抖音账号，这个名字顾名思义就是教人做简单饭菜的，现在很多年轻人都觉得做饭很麻烦，而这个"懒饭"就推出了一系列简单易学的做饭教程，从粉丝量就可以看出这个账号深受广大做饭者和美食爱好者的喜爱，如图 2-6 所示。

图 2-6　"懒饭"账号界面及其视频作品

同时，"懒饭"在变现环节也是依靠抖音的商品橱窗功能以及小黄车功能，来出售跟做饭和美食相关的各种工具和美食，用户可以在抖音上点击商品，然后直接跳转到抖音小店以及相应的淘宝店铺购买，从而实现内容变现，如图 2-7所示。

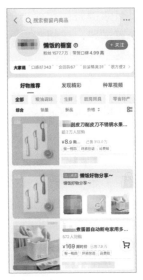

图 2-7　"懒饭"通过出售工具和食品达到变现目的

因此，深度内容是校正账号定位最重要的环节。同时，垂直定位和深度内容也是运营者能够持续更新优质原创视频的两个核心因素。定位做好后，内容就非常容易分享了，至少抖音内容方向已经确定，不会再迷茫。运营者可以根据自己的行业、领域对抖音账号进行定位，并找到自己的深度内容。

2.1.4　用户喜欢，参与互动

抖音的账号定位是方向（战略），深度内容是细节（落地），而用户喜欢才是最关键的。在抖音中热门的内容，首先要具备的条件是符合抖音规则的原创内容。第二个要具备的条件是吸引用户喜欢，要有参与感、"吐槽"感和互动感的内容。用户不喜欢的内容，基本上比较难火。比如好玩、有趣和实用等都是很好的内容方向，至于运营者到底适合哪个方向，则要看运营者的账号定位。

如果运营者分享的是一些技能或教学技巧，一定要简单、实用，不能太复杂，越简单的技能传播越广。另外，这个方法或者经验最好是首次分享，这样更容易火起来，几十万、上百万播放量都很轻松，有可能千万播放量、亿级播放量都能够突破。

因此，运营者一定要多看热门视频，不能靠自己凭空臆想。在抖音，几十万粉丝的抖音账号非常多，千万级别播放量的视频也很常见，要多看热门视频，总结这些视频爆火的原因，取其精华，去其糟粕。

做抖音除了要知道推荐规则之外，还要知道哪些人群爱看、爱玩，否则运营者拍了视频却不知道哪些用户会看，那就很难取得成功。很多运营者觉得抖音上大部分都是年轻人，"90后"和"00后"居多，但是实际上"70后""80后"，甚至"60后"中使用的人也不少。因此，运营者只有明白了自己账号针对的人群特色，才能制定出针对他们的营销方案，进而做出他们喜欢的内容。

2.1.5　持续分享，优质视频

持续分享是最重要的环节！那些有着上百万粉丝的抖音账号，除了定位精准、聚焦行业及更新实用的内容外，最重要的一点就是每天更新至少一个优质原创视频，或者每周更新一个优质原创视频。这才是"涨粉"的关键，否则对于大部分普通的运营者来说，几十万粉丝相对容易，但上百万粉丝就比较难做到了。

例如，湖南卫视的官方抖音账号每天都会更新几条短视频，内容都是以电视台的热门综艺节目和电视剧为主，如图 2-8 所示。

图 2-8　"湖南卫视"账号界面及其视频内容

持续分享是抖音"涨粉"的必备条件，要坚持每日更新或者每周更新这样的稳定更新机制，"三天打鱼，两天晒网"不是长久之计。

2.2　用户定位，分析特征

在目标用户群体定位方面，抖音是由上至下地渗透。抖音在刚开始推出时，市场上已经有很多的同类短视频产品，为了避开与它们的竞争，抖音在用户群体定位上做了一定的差异化策划，选择了同类产品还没有覆盖的那些群体。

本节主要从年龄、性别、地域分布、职业和消费能力 5 个方面分析抖音的用户定位，帮助运营者了解抖音的用户画像和人气特征，更好地做出针对性的运营策略和精准营销。

2.2.1 用户年龄，偏年轻化

抖音平台上80%的用户在28岁以下，其中20～28岁用户比例最高，也就是"90后"和"00后"为主力人群，整体呈现年轻化趋势。这些用户更加愿意尝试新的产品，这也是"90后"和"00后"普遍的行为方式。

图2-9所示为艾瑞指数发布的抖音的相关数据，其在使用人群年龄上进行了深度对比，可以看到抖音平台的用户24岁以下和24～30岁的各占了21%和24.2%，人群年龄占比偏向年轻化。

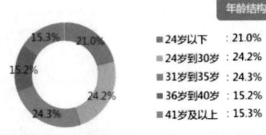

年龄结构

- 24岁以下 ：21.0%
- 24岁到30岁：24.2%
- 31岁到35岁：24.3%
- 36岁到40岁：15.2%
- 41岁及以上：15.3%

· 30岁以下用户是现阶段短视频平台主要受众人群，这一部分人群往往对短视频内容质量有更高要求，也追求多元化短视频内容消费。

图2-9　抖音使用人群年龄结构数据（数据来源：艾瑞指数）

专家提醒

需要注意的是，本书借助了多个互联网数据平台的统计报告，对抖音用户进行分析，各个平台之间的数据会有所差异，但整体趋势大致相同，仅供参考。

2.2.2 用户性别，基本持平

从互联网大数据可以得知，抖音用户的男女比例约为4：6，也就是女性用户多于男性。要知道，女性用户的购物意愿较高，因此其消费能力较强，而男性用户的购物意愿相对低一些。

另外，根据鸟哥笔记的报告显示，抖音中女性用户的占比达到了66%，显著高于男性，如图2-10所示。

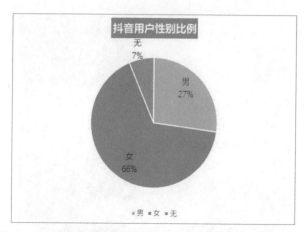

图 2-10　抖音平台的用户性别比例（数据来源：鸟哥笔记）

2.2.3　用户地域，居一、二线

　　抖音从一开始就将目标用户群体定位一、二线城市，从而避免了激烈的市场竞争，同时也占据了很大一部分的市场份额。

　　当然，随着抖音的火热，短视频用户目前也在向小城市蔓延。根据极光大数据的分析报告显示，超一线城市和一、二线城市的人群占比加起来超过 60%，而且这些地域的用户消费能力也比较强，如图 2-11 所示。

　　· 二线及以上城市贡献了六成以上的短视频用户地域来源，随着平台用户
　　　下沉策略的继续推进，三线及其他城镇用户将释放更大潜力。

图 2-11　短视频平台的用户地域分布情况（数据来源：极光大数据）

2.2.4　自由职业，用户偏多

　　抖音用户主要为白领和自由职业者，同时大学生与刚入社会的用户也比较常见。另外，这些人群都有一个共同的特点，就是特别容易跟风，喜欢流行、时尚的东西。

　　例如，在抖音上很流行的"风景"话题，美丽的风景搭配应景的配乐，加上拍摄门槛较低，故而引起了很多用户跟风拍摄，并且拍摄出来的风景还可以随手分享。该话题的累计播放量达到了 498.8 亿次，如图 2-12 所示。

图 2-12　"风景"话题和视频内容截图

2.2.5　消费能力，中高层次

图 2-13 所示为短视频平台消费能力图，从中可以看出，目前大部分用户都属于中等和中高等层次消费者，这些人群突出的表现就是更加容易在短视频平台上买单，因此运营者可以把握这一点进行变现。这些用户的购买行为还会受到营销行为的影响，如果他们看到喜欢的东西，会更倾向于买下它。

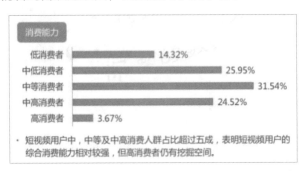

图 2-13　短视频平台消费能力（数据来源：易观智库）

另外，抖音平台消费人群的能力中低消费者占比最多，所以，运营者应该在自己可以获益的前提下，适当调整一下价格。

2.3　内容定位，搜集整理

运营者做抖音账号首先需要找准定位，然后找准视频输出的形式。内容定位是比较简单的，用户可以从微博、知乎、百度等不同平台来搜集和整理内容。

需要注意的是，账号定位的是目标客户群体，不是定位视频内容。因为抖音的内容是根据我们目标客户群体来定位，继而制作出来的。不同的客户群体喜欢不同的内容，不同的内容会吸引不同的客户群体，运营者必须将其串联起来，并且要有布局思维。

运营者要思考这些内容所面对的客户是不是目标客户、是不是目标人群，如果是的话就可以做，不是的话就要更换内容。

2.3.1　微博寻找，热门话题

首先可以在微博上面寻找热门话题，进入微博主页后，可以在左侧的导航栏中选择"热门微博"选项，查看当下的热门事件，如图 2-14 所示。

图 2-14　"热门微博"页面

其次，可以在页面右侧的"微博热搜"下方单击"查看完整热搜榜单"链接，也可以直接单击页面左侧的"要闻榜"，找到更多的微博热点，如图 2-15 所示。

图 2-15　寻找更多的微博热点

另外，运营者也可以在微博上寻找行业相关的专业内容。例如，运营者可以直接搜索"旅游"关键字，输入框下方会出现相关的热门搜索词，如图 2-16 所示。

单击"搜索"按钮后，用户还可以在出现的搜索结果中找到与旅游相关的用户、视频、图片和话题等内容，如图 2-17 所示。

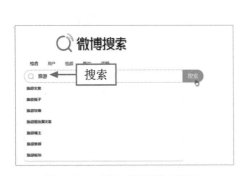

图 2-16　搜索"旅游"关键字　　　图 2-17　搜索"旅游"的结果页

通过微博，运营者可以找到很多与旅游相关的新闻报道和有用的知识，并进行学习和借鉴，然后通过图文或者真人出镜的方式进行讲解即可。

2.3.2　知乎寻找，专业知识

在知乎平台的顶部搜索栏中，运营者可以输入想要的行业领域关键字，这样也能够找到很多相关的专业知识内容。例如，在搜索栏中输入"摄影"，如图 2-18 所示。

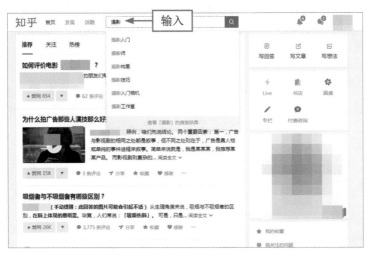

图 2-18　在知乎搜索栏中输入"摄影"

单击搜索按钮，就可以找到很多与摄影相关的内容，如摄影的技巧、与摄影相关的热门话题以及精彩问答等，这些都是运营者进行短视频创作的内容源泉，如图 2-19 所示。

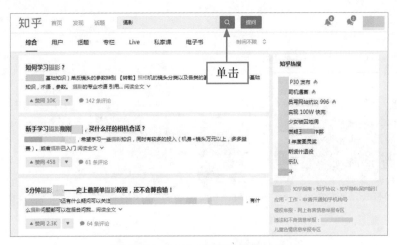

图 2-19　知乎"摄影"搜索结果

2.3.3　百度寻找，各类资源

百度平台的功能比较全面，资源也非常丰富，包括百度新闻、百度百科、百度贴吧、百度文库以及百度知道等，这些都是抖音运营者搜集资源的不错渠道。

（1）百度新闻——新闻资讯：该平台拥有海量的新闻资讯，真实反映每时每刻的新闻热点，运营者可以搜索新闻事件、热点话题、人物动态以及产品资讯等内容，同时还可以快速了解它们的最新进展，如图 2-20 所示。

图 2-20　"百度新闻"中的热点要闻

（2）百度百科——百科知识：百度百科是一部内容开放、自由的网络百科全书，内容几乎涵盖了所有领域的知识，如图2-21所示。

图2-21　"百度百科"中的知识内容

（3）百度贴吧——兴趣主题：百度贴吧是以兴趣主题聚合志同道合者的互动平台，主题涵盖了娱乐、游戏、小说、地区和生活等各方面的内容，如图2-22所示。

图2-22　"百度贴吧"中的热门贴吧页面

（4）百度文库——在线文档：百度文库是一个供用户在线分享文档的平台，包括教学资料、考试题库、专业资料、公文写作以及生活商务等多个领域的资料，如图2-23所示。

图 2-23　"百度文库"中的相关资料

（5）百度知道——知识问答：百度知道是一个基于搜索的互动式知识问答分享平台，运营者也可以进一步检索和利用这些问题的答案，来打造更多的优质内容，如图 2-24 所示。

图 2-24　"百度知道"首页

2.3.4　音频平台，搜集稿件

热门的音频平台包括喜马拉雅 FM、千聊、荔枝微课等，这些平台上有很多的音频内容，抖音运营者可以将其整理成稿件，最终输出为短视频内容。

例如，喜马拉雅 FM 的内容覆盖教育培训、相声评书小品、综艺节目、有声小说、新闻谈话、儿童故事、财经证券、健康养生以及新闻谈话等多个领域，如图 2-25 所示，抖音运营者也可以搜集与自己定位相关的音频资料，并将其制作成短视频。

图 2-25　"喜马拉雅 FM"中的推荐内容

另外，运营者还可以通过喜马拉雅 FM 的移动端来寻找内容。如旅游类的抖音账号可以在喜马拉雅 FM 的"分类"界面中选择"旅游"选项，如图 2-26 所示。进入"旅游"界面，即可看到很多相关的音频资源内容，如图 2-27 所示。

图 2-26　选择"旅游"选项

图 2-27　"旅游"推荐界面

2.3.5　生产内容，原创优质

在运营抖音时，如果运营者自己能够生产出足够优质的内容，也可以快速吸引到用户的目光。抖音运营者可以通过为用户持续性地生产高质量的内容，从而在用户心中建立权威，加强他们对于运营者账号的信任和忠诚度。抖音运营者在生产内容时，可以运用以下技巧，持续打造优质内容，如图 2-28 所示。

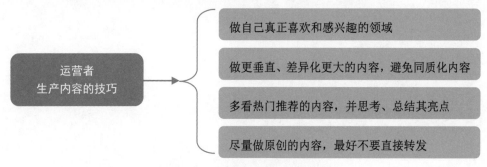

图 2-28　运营者生产内容的技巧

第 3 章

爆款视频，稳上热门

学前提示：

相比于快手用户喜欢关注运营者和搜索同城内容，大部分抖音用户则更爱刷推荐页，还有部分用户即使关注了抖音的运营者，也不会专门去看这些运营者的新视频。所以，运营者发布的视频只有上热门被推荐，才有可能被更多用户看到。

本章主要从视频制作、视频类型和视频推荐3个方面入手，介绍在抖音平台上视频被推荐上热门的一些实用技巧。

要点展示：

➢ 拍摄制作，爆款视频

➢ 热门视频，类型分析

➢ 推荐须知，六大技巧

3.1 拍摄制作，爆款视频

抖音平台有足够高的热度，是因为它有丰富的内容，虽然大部分作品都是短视频，但能呈现出媲美大片的精彩效果。本节为大家准备了很多实用的抖音拍摄技巧，帮助运营者分分钟拍出精美的大片。

3.1.1 视频拍摄，基本流程

很多运营者制作短视频都是直接使用手机拍摄，但是有的运营者拍摄出来的效果十分惊艳，有的运营者拍摄出来的结果却不甚理想。如果想在抖音中拍摄出高清的视频，应该怎么操作呢？具体有哪些方法呢？

下面将介绍抖音短视频的基本拍摄流程。像其他短视频 App 一样，抖音上的创作过程是：选择音乐→拍摄视频→剪辑加工→发布分享，流程非常简单。

1. 选择背景音乐

运营者想要让自己拍摄的短视频在抖音上火起来，就要学会"抖"，要"抖"就要有好的配音和配乐。运营者可以根据自己的视频风格和主题方向，选择合适的背景音乐，让视频长上翅膀！

除了直接搜索背景音乐外，运营者还可以通过抖音的音乐热搜榜来查找热门配乐。在"首页"界面中点击右上角的搜索按钮进入其界面，然后点击"音乐榜"按钮，如图 3-1 所示，即可查看最新的抖音音乐，如图 3-2 所示，点击单曲后，即可进入到跟单曲相关的视频汇总界面。

图 3-1　点击"音乐榜"按钮

图 3-2　抖音"音乐榜"

在抖音热搜歌曲榜上线之前，运营者获取到热门歌曲的信息大多是通过刷推荐视频，看看哪些歌曲作为BGM(Back Ground Music，背景音乐)出现的频率较高；或者是通过朋友告知、上网查找，才能找到在抖音上大火的歌曲。

因此，很多运营者都非常不解："为什么抖音上有很多歌，明明别人都在用，我却搜不到？"现在，想要在抖音上找到好听的歌曲、了解潮流，只需去抖音音乐热搜榜看一看，就能找到应用次数最多、最火的歌曲了。

选择好背景音乐后，还要看运营者个人对音乐的理解和对节奏的把控能力。抖音的背景音乐和视频需要高度匹配，并富有节奏感。抖音运营的一个必备技能，那就是听足够多的热门歌曲，找到更好的灵感。

2. 拍摄与上传短视频

抖音上传作品的方式有两种：直接拍摄上传和本地视频上传。下面以拍摄上传为例，介绍其操作方法。

步骤 01 进入抖音拍摄界面，选择"视频"选项，如图3-3所示，点击"翻转"按钮，可以切换前后摄像头，运营者可以在下方的"分段拍"选项卡中选择需要的视频时长。

步骤 02 点击 按钮展开列表框，并点击"滤镜"按钮，如图3-4所示。

图3-3　选择"视频"选项

图3-4　点击"滤镜"按钮

步骤 03 进入滤镜界面，如图3-5所示，可以选择不同的滤镜为视频增添不同的氛围，从而达到不同的效果。

步骤 04 操作完成后，返回上一界面，点击"美颜"按钮进入其界面，如图3-6所示。抖音的美颜功能十分强大，美颜效果主要针对人物形象的调整，它包含多个选项，通常在拍摄人物时使用，拍摄完成后也可选择想要调整的选项，拖曳圆点即可调整相应的效果。

图 3-5　滤镜界面

图 3-6　美颜界面

步骤 05　视频的拍摄类型有图文、分段拍以及快拍 3 种类型，除此以外，还可以发布"照片""时刻""文字"类型的作品，如图 3-7 所示，其效果各有不同。

步骤 06　点击拍摄按钮◯，即可开始拍摄，如图 3-8 所示，再次点击可以结束视频拍摄。

图 3-7　不同的拍摄类型

图 3-8　开始拍摄

步骤 07　拍摄完成后，进入短视频后期处理界面，在此界面可以通过右侧的功能对视频进行"剪裁"，添加"文字"和"贴纸"，对好友发起"挑战"，添加"特效""滤镜"和"自动字幕"，以及对视频进行"画质增强""美化"等，如图 3-9 所示。

步骤 08 点击"下一步"按钮进入视频发布界面，在此可以设置视频封面，点击"选封面"按钮，如图 3-10 所示。

步骤 09 进入选封面界面，如图 3-11 所示，选择要设置为封面的视频帧，完成后点击"下一步"按钮，即可继续发布视频。

图 3-9　抖音短视频后期
处理界面

图 3-10　点击"选封面"
按钮

图 3-11　选封面界面

3. 短视频的剪辑加工

短视频的后期加工包括剪辑，添加音乐、字幕，以及语音配音等，可以在手机上进行编辑。除了抖音 App 外，用户还可以使用剪映、美图秀秀、快影、秒剪、必剪等 App 对视频进行后期加工。

运营者拍摄好视频之后，打开相应的 App，点击视频进行编辑，将所需视频依次选入，然后开始制作。这些后期 App 的大致流程都差不多，即"导入视频→进行编辑→开始剪辑→剪辑完成"4 个部分。

另外，运营者也可以通过电脑进行剪辑加工，如剪映专业版、会声会影、Premiere、达·芬奇等都是不错的视频处理软件。

运营者可以将手机上拍摄的视频导入电脑，对内容进行剪辑，还可以进行添加配乐、配音或字幕等操作。

以抖音 App 为例，上传视频后，点击右侧的"剪裁"按钮，如图 3-12 所示。随即进入剪裁界面，如图 3-13 所示，在此可对视频进行简单的剪裁。

图 3-12　点击"剪裁"按钮　　　　　图 3-13　视频剪裁界面

4. 发布与分享短视频

当视频拍摄并加工完成后，就可以发布和分享了。进入发布界面，首先设置"标题"，撰写标题时尽量使用合适的话题，这样可以让更多人看到你的作品。标题作为引导语很重要，在这里一定要动脑筋，多看一些爆款作品的标题是怎么写的。另外，还可以在标题中添加话题，借助热门话题来增加短视频的曝光量，如图 3-14 所示。

点击"添加位置"按钮，可以设置位置标签，如果运营者不想显示地址，可以选择隐藏位置。视频发布的范围也可以自行设置，❶点击"公开·但不推荐给可能认识的人"按钮进入其界面，可以选择查看权限；❷如果想增加视频浏览量，建议选择"公开·但不推荐给可能认识的人"选项，如图 3-15 所示。

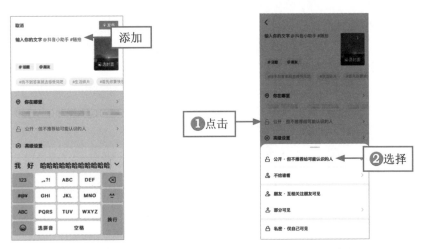

图 3-14　添加话题　　　　　　　图 3-15　选择相应选项

这里要强调一点，抖音平台主打的内容是短视频，会给短视频最大的流量，因此运营者一定要把能优化的所有内容都尽量优化到位。同时，在发布内容的时候，不得有违规的不良词语和图像等内容出现，以免系统审核不通过。

3.1.2　爆款视频，五大原则

抖音 App 已经在不知不觉中影响了很多年轻人的生活，越来越多的用户开始离不开抖音，也有越来越多的运营者喜欢上了拍抖音。下面将介绍抖音短视频的五个拍摄原则，帮助运营者拍出好视频，收获更多流量。

1. 确定好短视频内容风格

一般来说，在短视频拍摄之前需要做好整体构思，确定好抖音短视频的主体内容以及风格。例如，颜值高的运营者，可以选择"刷脸""卖萌"或者"扮酷"来展现自己的优势；拥有一技之长的运营者，则可以充分利用短视频来展示自己的才华；擅长幽默搞笑的运营者，则可以创作一些"戏精类""剧情类"的内容，展示你的搞怪表演天赋。总之，不管是哪种风格，找到最适合自己的风格即可。

2. 练好平稳运镜的基本功

在拍摄抖音短视频，特别是运用快速的镜头时，如果画面不平稳，运营者看起来会很吃力。为了让短视频中的画面显示更为平稳，运营者在拍摄时最好将手臂伸直，保持平稳地运镜，必要时可以借助工具，让画面更加流畅。

抖音运镜的主要技巧就是用手控制手机，手往哪边，手机就要往哪边移动。建议运营者先从最基础的运镜开始学，用户可以在抖音上搜索"运镜教程"，根据热门视频试着练习一番。

虽然运镜视频已经不是平台目前的主流内容，但被称为"技术流"的运镜视频还是被许多用户青睐，而且有不错的反响和点赞量。

3. 用动作卡好短视频节奏

抖音中的配乐有许多种，但卡点类型的配乐依然深受用户喜爱，能够适配多种风格的视频。早期抖音刚刚进入人们视野的时候，抖音的常见玩法有两种：一是录制唱歌视频；二是随着节奏感极强的音乐表演舞蹈，如各种街舞和手指舞等，还有各种萌宠随着音乐摆出有节奏的、有趣的、搞笑的动作，在这一时期涌现出了大批抖音红人。

如果是提前拍摄的视频，后期再配音，把握不好节点怎么办？很多运营者有这样的烦恼，因为有一些背景音乐是存在转折点的，如果运营者的动作或场景切换等和这些音乐节点合不上，那便拍摄时间长一点的视频，尽量使得节点位置在中间，这样视频前面和后面的内容就可以剪掉一些，从而保证节点不消失。

抖音可以让运营者搭配选好的音乐录制视频，因此音乐中的节奏在视频中也占有一定的地位。运营者可以用动作卡节拍，也可以用转场卡节拍，只要节拍卡得好，视频也能获得很好的效果。因此，节奏的把握非常重要，运营者可以多观察抖音的热门视频，借鉴经验来提高自己作品的质量。下面介绍两个卡节拍的技巧。

- 一是尽量把动作放在音乐节奏的重音上面。
- 二是要挑选和视频内容相符的音乐。

例如，如果有翻书的声音，运营者也跟着做翻书的动作，动作尽量契合音乐。当然，声音和动作不一定要配合一致，也就是说，有翻书的声音不一定非要做翻书的动作，也可以是和翻书频率一致的抖肩。这一部分的关键还是配合音乐，卡好动作。

4. 转场时参照物保持不变

抖音可以分段拍摄，其中段落与段落、场景与场景之间的过渡或转换，就叫作转场。在抖音上经常看到很多变装和化妆之类的视频，都需要用到转场技巧。抖音上最常用的转场方法就是用手或其他顺手的东西去遮挡镜头，再挪开，非常简单易学，化妆类短视频内容的转场就经常使用这种手法。

具体的操作方法为：开始拍摄一段人物画面，然后用手遮挡镜头并暂停拍摄；接着完成妆容，再把手放回摄像头的位置，点击继续拍摄，最后把手挪开，拍摄化妆后的人物画面效果。

在视频转场时，除了要变换的东西以外，其他参照物尽量保持不变。如果参照物是人，那么这个人的表情、动作和拍摄角度在画面中占的比例都要尽量不变。如果用户想做出"秒换服装"的效果，就必须做到除了服装款式以外，屏幕内的其他元素尽量不变，如图 3-16 所示。

图 3-16 　"秒换服装"案例

同样，如果运营者想换一个背景，就要以上一个场景的最后一个动作作为下一个场景的开始动作来继续拍摄。例如，运营者在上一个场景结束时，伸出右手手掌，从右往左平移到中间挡住摄像头，然后视频暂停；那么，运营者在拍摄下一个场景时，就要从右手手掌在中间挡住摄像头的这个画面开始继续拍摄。

上面这几种方法都是比较基础和简单的，运营者可以结合抖音里的运镜达人的视频，多模仿和练习。同时，运营者还可以更换例子里面的元素，充分利用分段拍摄的功能，发散思维，做出更多酷炫的效果。

5. 善于运用小道具和后期

一段普通的视频很容易被淹没，若运营者想获得更多的关注，一定要提高视频的质量和品位，这就需要更复杂的后期玩法了。除了前期的拍摄，视频的呈现效果还取决于道具、滤镜和后期，所以抖音上的成功也是来之不易的。

进入抖音拍摄界面，点击左下角的"特效"按钮，展开道具菜单，运营者可以根据视频内容或者自己的喜好，选择相应的道具类型，除了场景道具外，还有很多手控和声控道具，运营者可以根据屏幕提示做相应的操作。图 3-17 所示为抖音用户添加道具后的短视频截图。

拍摄好视频后，点击"特效"按钮，进入特效界面，如图 3-18 所示，按住相应的特效按钮，视频会自动开始播放添加该特效的视频画面，运营者可以重复执行该操作，继续添加其他滤镜特效。

图 3-17 短视频内容应用小道具

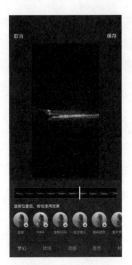

图 3-18 特效界面

道具和滤镜的正确配合，可以对视频起到很好的点缀和优化作用。运营者用好这些后期特效也能带来意想不到的效果，而且还可以利用道具和特效来掩盖拍摄中的瑕疵。总之，开动脑筋，先构思好剧本，再利用前面说的技巧进行优化，相信运营者很快就能做出高流量的爆款短视频作品。

3.1.3　视频拍摄，十大技巧

抖音的很多功能与从前的小咖秀类似，但不同的是，运营者可以通过视频拍摄的快慢、视频编辑和特效等技术让作品更具创造性，而不是简单地对嘴型。下面介绍抖音短视频的十个拍摄技巧，帮助运营者方便、快捷地制作出优质的短视频内容。

1.　远程控制暂停更方便

在拍摄时，如果手机摆放位置比较远，此时运营者可以利用"倒计时"功能来远程控制暂停录制。在拍摄界面点击"倒计时"按钮，例如只需要拍摄 10 秒就暂停，可以将暂停拉杆拖到 10 秒的位置处或者直接选择 10 秒选项即可。然后点击"倒计时拍摄"按钮进行拍摄，当拍摄到第 10 秒的时候就会自动暂停。

2.　调整合适的快慢速度

运营者在使用抖音拍摄过程中，不仅可以选择滤镜和美颜等，还可以自主调节拍摄速度。其中，快慢速度调整和分段拍摄是抖音最大的特点，利用好这两个功能就能拍出很多酷炫的短视频效果。

快慢速度调整就是使音乐和视频匹配。如果选择"快"或者"极快"，拍摄的时候音乐就会放慢，相应地，视频成品中的画面就会加快。反之，如果选择"慢"或者"极慢"，拍摄时的音乐就会加快，成品中的画面就会放慢。

快慢速度调整功能有助于运营者找准节奏，一方面，可以根据自己的节奏做对应的舞蹈和剪辑创作，这样会使拍摄过程更舒服；另一方面，不同的拍摄节奏也会大大降低内容的同质化，即使是相似的内容，不同的节奏所展现出的效果也是截然不同的。

如果放慢了音乐，运营者能更清楚地听出音乐的重音，也就更容易卡到节拍。这就降低了使用门槛，即使是没有经过专业训练的人也能轻松卡住节拍。如果加快了音乐，相应地放慢了动作，最后的成品也会有不一样的效果。

3.　分段拍摄视频更有创意

抖音可以分段拍摄短视频，也就是运营者可以拍一段视频暂停之后再拍下一段，最后拼在一起形成一个完整的视频。只要两个场景的过渡转场做得足够好，最后视频的效果就会很酷炫。

4.　善于利用合拍蹭热门

"合拍"是抖音 App 的一种有趣的新玩法，如"合拍合唱""瞪猫的合拍""记者拍摄合拍"等，这一玩法产生了不少的爆款作品。运营者可以找到想要合拍的视频，点击 ↗ 按钮，如图 3-19 所示。

在弹出的"分享给朋友"面板中，点击"合拍"按钮，如图 3-20 所示。然后，运营者可以添加道具，设置速度和美化效果等，点击拍摄按钮◎即可，如图 3-21 所示。

 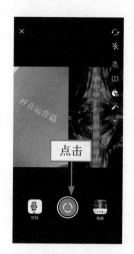

图 3-19 点击相应按钮　**图 3-20 点击"合拍"按钮**　**图 3-21 点击相应按钮**

5. 防止抖动保证对焦清晰

手抖是很多运营者在拍摄时的致命伤。拍摄视频时，手千万不能抖，要时刻保持正确的对焦，这样才能拍摄出清晰的视频效果。为了防止抖动，运营者可以将手机放在支架上或者找个东西固定起来，必要时可以使用自拍杆，如图 3-22 所示。

图 3-22 使用自拍杆稳定手机

6. 注意光线增强画面美感

拍摄短视频时光线十分重要，好的光线布局可以有效提高画面质量。尤其是在拍摄人像时要多用柔光，这样会增强画面美感，要避免明显的暗影和曝光。如果光线不好，可以手动打光，灯光打在人物的脸上或用反光板调节。同时，运营者还可以用光线进行艺术创作，比如用逆光营造出朦胧、神秘的艺术氛围。

在光线不好的地方，尤其是晚上昏暗一些的时候，拍照时经常会遇到这样的情况：用带滤镜的 App 拍照，画面非常模糊，此时可以开启闪光灯功能拍摄。

7. 手动配置曝光和聚焦

对于拍摄视频来说，运营者一定要学会手动配置曝光和聚焦功能。对智能手机来说，AE（Automatic Exposure，自动曝光控制装置）锁定很重要，这会减少曝光，尤其是运营者在进行围绕拍摄时，更要注意锁定 AE。

至于手动控制对焦，在从远及近地靠近人物拍摄时，这个功能非常实用。不同的手机设置焦距的方法也不同，具体设置可以根据机型上网搜索。

8. 选对视频拍摄的分辨率

在使用其他相机拍摄视频时，运营者要选对文件格式，将分辨率调到最高水平。同时，注意将"录像码率"设置为"高"，这样可以得到更好的视频画质。这里所讲的"码率"就是视频的取样率，单位时间内取样率越大，精度就越高，拍摄出来的视频文件就越接近原始文件。

9. 使用网格功能辅助构图

并不是只有专业摄影师才能拍摄出精彩的视频效果，其实运营者通过手机拍摄也可以做到。事实上，那些给我们留下了深刻印象的照片或视频，往往是利用了专门将观众眼球聚焦到某一场景的特殊构图方法。这里要推荐给大家的是三分构图法（将画面横分为三部分，每一部分中心都可放置主体形态），这一概念引述到智能手机上就是网格功能。如果运营者的手机上也有这个功能，那一定要记得在拍视频或拍照前先将其启用。

10. 切换场景和添加时间特效

运营者在拍视频前，应先想想自己的主题，然后想想在此主题下可以在哪些场景拍摄。即使是同一个场景，运营者可以不失时机地换个背景，也可以从远处将镜头拉近，或者从近处将镜头拉远，甚至可以斜着拍来避免拍摄的视频过于单调，让视频画面更加生动。当然，运营者也可以选择在同一个场景内加入或更换一些道具，这些小细节往往会带来意想不到的效果。

3.1.4 原创视频，五大玩法

运营者看过抖音就会发现，生活中处处是达人，这也就意味着，只要有条件，"素人"完全可以变成"网红"，甚至是明星。这也是抖音为什么这么火的原因。

除了有些运营者自己的特色吸引了用户之外，根本上还是得益于如今的客观大环境，在这样一个全民娱乐的信息时代，一切皆有可能。也许部分运营者会苦恼："那我应该在抖音上拍什么呢？"下面就介绍抖音原创内容的五大玩法。

1. 技术流

所谓的"技术流"，包括各种技术：舞蹈、视频特效、手工以及厨艺等。凡是有以上特长体现的视频，十有八九都会被二次传播。"技术流"常见的技巧包括transition、运镜、转场、剪辑和特殊技巧等。

transition 的中文意思是"变换"，很多短视频都是运用多组镜头和特效变换合成的，中间充满了各种"变换"效果，所以看起来会非常炫酷。制作 transition类型的视频需要一定的视频制作基础知识，要熟练运用一些剪辑视频软件、渲染特效软件以及 P 图软件。

2. 音乐类

音乐类短视频玩法可以分为原创音乐类、跟随歌词进行舞蹈类，以及对口型的表演类。

（1）原创音乐类：原创音乐比较有技术性，要求运营者有一定的创作能力，能写歌或者会翻唱改编等，这里我们不做深入讨论。

（2）跟随歌词进行舞蹈类：音乐类的这种舞蹈，更加注重情绪与歌词的关系，对于舞蹈的力量感反而要求不是很高，对舞蹈功底也基本没有要求。例如，音乐类的手势舞，运营者只需用手势动作和表情来展现歌词内容，将舞蹈动作卡在节奏上即可。

（3）对口型表演类：对口型表演类的玩法难度会更高一些，因为运营者既要考虑到情绪的表达，又要考虑口型的准确性。所以，在录制的时候，可以先选择开启"快"速度模式，然后背景音乐就会变得很慢，从而方便运营者对口型。同时，运营者要注意表情和歌的配合，每个时间点出现什么歌词，都要做相应的口型。

3. 舞蹈类

除了比较简单的音乐类手势舞外，抖音上面还有很多比较专业的舞蹈视频，包括个人、团队、室内以及室外等类型，同样讲究与音乐节奏的配合。舞蹈类玩法需要运营者具备一定的舞蹈基础，同时比较讲究舞蹈的力量感。

4. 科普类

抖音的主流内容玩法依然是音乐、创意和各种搞笑类视频，但是也出现了很多正能量视频和科普类、教育类的作品，如育儿知识、养生课堂以及健身运动等领域的内容也越来越多。

5. 情感类

抖音上的情感类短视频玩法，主要是将情感文字录制成语音，然后配合相关的视频背景来渲染情感氛围。更专业的玩法可以拍一些情感类的剧情故事，这样会更具感染力。另外，情感类短视频的声音处理非常重要，运营者可以找专业的录音公司帮你转录，从而让观众深入到情境之中，产生极强的共鸣感。

3.1.5　热门推荐，五大要求

对于上热门，抖音官方做了一些基本要求，这是运营者必须清楚的基本原则，下面将介绍具体的内容。

1. 个人原创内容

抖音上热门的第一个要求就是：视频必须为原创。很多运营者开始做抖音原创时，不知道拍摄什么内容，其实这个内容的选择没那么难，可以从以下几方面入手。

- 可以记录生活中的趣事。
- 可以学习热门的舞蹈、手势舞等。
- 可以做配表情系列，利用丰富的表情和肢体语言。
- 可以做旅行记录，将所看到的美景通过视频展现出来。

另外，运营者也可以换位思考下，如果我是粉丝，希望看什么内容？即使不换位思考，也可以回顾下，我们在看抖音的时候爱看什么内容。如果一个人拍的内容特别有意思，用户通常会点赞和转发。还有情感类的以及励志类的视频，如果内容能够引起用户的共鸣，那用户也会愿意关注。

上面的这些内容属于广泛关注的，还有细分的。例如，某个用户正好需要买车，那么关于鉴别车辆好坏的视频就成为他关注的内容了。所以，这就是运营者需要关注的内容，同样也是运营者应该把握的原创方向。

2. 视频完整度

运营者在创作短视频时，一定要保证视频的时长和内容完整度，视频短于 7 秒是很难被推荐的。保证视频时长才能保证视频的基本可看性，内容演绎得完整才有机会上推荐。如果内容卡在一半就结束了，用户看到是会难受的。

3. 没有产品水印

抖音中的热门视频不能带有其他 App 的水印，而且使用不属于抖音平台的贴纸和特效的视频虽然可以发布，但不会被平台推荐。

4. 高质量的内容

即使是抖音这样追求颜值和拍摄质量的平台，内容也永远是最重要的，因为只有吸引人的内容，才能让用户有观看、点赞和评论的欲望。想要上热门，肯定是要有好的作品质量，而且视频清晰度要高。

抖音视频吸引粉丝是个漫长的过程，所以运营者要循序渐进地推出一些高质量的视频，学会维持和粉丝的亲密度。多学习一些比较火的视频拍摄手法及选材，相信通过个人的努力，运营者们都能拍摄出火爆的抖音视频。

5．积极参与活动

对于平台推出的活动一定要积极参与，参与那些刚刚推出的活动后，只要运营者的作品质量过得去，都会获得不错的推荐，运气好就能上热门。

3.2 热门视频，类型分析

经常玩抖音的运营者可能会发现，现在抖音上比较受欢迎的人包括搞笑幽默的短视频创作者、美妆美容的短视频博主、健身运动的健身达人、美食烹饪的短视频博主、音乐舞蹈的短视频博主等。可以这么说，平台是根据粉丝喜欢的内容进行推荐的，因此运营者的内容首先要获得平台的青睐，才能得到平台的流量支持。七个播放量较高的短视频类型比较有代表性，下面将具体介绍。

3.2.1 唱歌跳舞，才艺展示

才艺不仅仅是唱歌跳舞，只要是自己会但很多人不会的技能，都可以叫作才艺，如美妆、乐器演奏、相声、脱口秀、口技、书法、绘画、手工、射击、杂技、魔术以及即兴表演等，如图 3-23 所示。

图 3-23 才艺展示类的抖音短视频案例

3.2.2 引导用户，人生导师

人生导师类的短视频内容一般都具有一定的前瞻性，可以督促、引导用户，或者帮助用户规划一个完美的学习或职业生涯，使用户能在相应的人生阶段中少走弯路，更快取得一定成就。人生导师类的热门抖音号也比较多，如"一禅小和尚""周小鹏""杜子健"等账号都是类似的角色。

例如，"周小鹏"这个账号发布的短视频都是以情感话题为主，大部分都是以问答的形式呈现，如图3-24所示。

图3-24　"周小鹏"短视频内容

3.2.3　育儿指南，知识干货

育儿知识包括母婴健康、呵护儿童方面的知识和育婴常识。抖音上知识技巧类视频由于时间短、内容全部为知识干货、讲解清晰明了等特点，因此一直能被大量转发与收藏。知识技巧类视频也有许多新领域值得抖音运营者去开发。下面介绍两个热门的育儿知识类抖音号。

1. 年糕妈妈

"年糕妈妈"这个账号用记录的方式亲身展示一些育儿方法，比如"孩子崩溃哭了怎么办？""孩子最讨厌父母说这句话！"，如图3-25所示。

2. 育儿白博士

"育儿白博士"是一个采用"动画＋文字"模式的育儿类知识分享抖音号，通过整理大量的网上育儿知识，将要点概括成干货形式文字输出给用户，教他们如何教育小孩以及如何做好婴儿护理，如图3-26所示。

图3-25 "年糕妈妈"短视频内容

图3-26 "育儿白博士"短视频内容

3.2.4 视频内容，技能教学

输出教学视频类内容可以激起用户的点赞欲望，引起用户的分享转发。比如，美食制作类的"自制夏日桃子冰饮"，具有步骤易模仿、季节归属性强、颜值高、有食欲等特点，有相关喜好的用户就会将这条视频收藏下来，为点赞数添砖加瓦。

另外，生活中养宠物的人越来越多，与宠物接触的安全也得到更多重视，实用性强的御宠教学类视频也受到用户的喜爱，如图3-27所示。还有"高颜值是如何形成的"这类化妆教学视频，也容易吸引女性用户，如图3-28所示。

图3-27 抖音御宠教学类视频内容

图3-28 抖音化妆教学视频内容

例如，"梧萌"专门在抖音上分析如何做美味的菜肴，这类美食教学类视频受到抖音用户的普遍欢迎，如图3-29所示。"超正经东叔"则专门分享零基础的绘画教学，对画画感兴趣的用户也能找到手把手教学的指导视频，如图 3-30 所示。

图 3-29　抖音美食教学类视频内容　　　图 3-30　"超正经东叔"短视频内容

3.2.5　常识内容，生活指南

生活指南类视频与技能教学比较类似，但系统性没有那么强，更多的是关于生活中的一些小常识和与人们衣食住行等生活息息相关的问题。下面介绍一些生活指南类的短视频内容案例。

1. 生活小妙招！

"生活小妙招！"为用户解答生活中常见的种种小疑问，通过视频演示搭配讲解的方式方便用户理解，如图 3-31 所示。

2. 财经瑶瑶

"财经瑶瑶"解答与财经有关的问题，包括房产、汽车、芯片等方面，涉及的范围很广，如图 3-32 所示。

3. 周桥梁 – 动物生理医学

养宠物的人越来越多，但他们遇到宠物生病或一些小情况时却不知道如何应付，"周桥梁 – 动物生理医学"的运营者是一位经验丰富的兽医，专门负责给大家讲解与宠物有关的小知识，如图 3-33 所示。

4. 马壮实

美食的诱惑非常大，制作精良的美食博主能够圈粉无数，"马壮实"便是一个敢于挑战、胆大心细的美食博主，他做的美食以精致、难度大、复刻还原而闻名，同时他也会制作一些方便、简单的家常美食供大家学习，如图 3-34 所示。

图 3-31　"生活小妙招！"短视频内容

图 3-32　"财经瑶瑶"短视频内容

图 3-33　"周桥梁－动物生理医生"
短视频内容

图 3-34　"马壮实"短视频内容

3.2.6　达人讲解，自我提升

社会在不断进步，竞争压力也在不断提高，如果想要跟上时代发展的步伐，就需要运营者不断地提升自我，那么该怎么进行自我的提升呢？抖音上就有很多做自我提升类视频内容的达人。

例如，"有个同事叫老张"以情景剧的形式，讲述职场中的注意事项和各种情况下的解决方法，视频内容适用于需要在职场中提升的抖音用户，如图 3-35 所示。

再如，"小嘉啊"是一个有关好书种草、生活分享的账号，博主通过举例推荐的形式，清晰地为用户传输自我提升以及与读书相关的知识，如图3-36所示。

图 3-35　"有个同事叫老张"短视频示例　　　图 3-36　"小嘉啊"短视频示例

从这些与自我提升知识分享有关的抖音号中，我们能学到哪些运营账号的技巧呢？

（1）打造一枚"社交币"。没有"社交币"，任何视频的效果都会大打折扣。比如，火速蹿红的杜子健，他准确定位自己的目标受众，为女性用户打造了一枚"社交币"，代替她们讲出平日里想说却不敢说的话，激发女性用户的转发和点赞行为，主动将视频转发给老公或者男朋友看。这些抖音"网红"爆红的背后，是"定位受众→定制内容→设计转发动机→提炼选题"的底层逻辑。

（2）贴上实用标签。用户选择关注一个知识分享类账号，主要原因是觉得"这个账号对自己有用"。比如，某个运营者持续更新手机修图的方法，给自己贴上实用的标签，热衷于自拍的用户会将其作为一个工具进行收藏，从而达到快速吸粉的目的。

（3）形成IP特色。个人特色的形成可以从讲解画风、剧情设置、图文展示形式等诸多方面实现，继而打造自己的IP。比如，"铲屎官阿程"讲解的与宠物相关的小知识或许很多人都知道，但是他不仅有着专业的知识背景，还可以通过动作、模仿以及情景再现等方式，让枯燥的养宠要点"活"起来，更加容易被理解。

3.2.7　热门内容，美景分享

抖音不仅产生了很多"网红"，同时还带红了很多城市和景区，越来越多的城市在抖音上成为"网红"，同时这种城市打卡类、美景分享类视频内容也随之火爆起来。例如，长沙凭借众多的景点、性价比极高的美食顺利攻克了爱旅游群体的心，在抖音上掀起一股去长沙的浪潮，如图 3-37 所示。

图 3-37 抖音搜索"长沙"及其相关的视频内容

再如，"淄博烧烤"成了抖音上的热门话题，许多运营者纷纷赶赴淄博，体验当地的美食以及人文风情，淄博当地文旅局出台了一系列对外地游客十分友好的规定与福利，淄博人民更是全体出动维护淄博的城市形象，淄博成了"好客山东"的代名词。

抖音将淄博的热门景点进行展示，吸引广大网友前往淄博，并晒出淄博的美食和文化，直接扩大了淄博在年轻人中的影响力，使人"身不能至，心向往之"，淄博更是一跃成为火车票搜索增幅第一的城市，如图 3-38 所示。

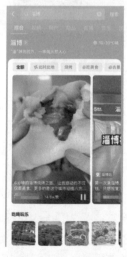

图 3-38 抖音搜索"淄博"及其相关的视频内容

需要注意的是，运营者在去热门城市游玩时，可以多拍一些 Vlog、美食分享以及热门景点打卡，这样能够促使有同样旅行计划的用户将视频作为攻略。

3.3 推荐须知，六大技巧

在抖音飞速发展的这几年中，抖音完成了自己的进化，从最初以运镜、舞蹈为主的短视频内容，一直发展到如今的旅行、美食、正能量、萌宠、美妆、搞笑、创意以及直播电商等多元化的短视频内容。

虽然每天都有成千上万的抖音用户将自己精心制作的视频上传到抖音平台上，但运营者制作的视频能够出现在用户"推荐"界面的机会却少之又少，那么到底什么样的视频才可以被推荐？本节将介绍视频容易上热门的技巧。

3.3.1 视频打造，人格 IP

抖音其实还是以人为主，无论是真人出镜、动画人物还是语音人物都要让用户有真实感和参与感，尽量打造人格化的 IP。

不知道运营者们在刷抖音的时候有没有留意到，通常大家在刷视频的时候，会遇到一些品牌的硬广（见图 3-39），看到这些内容之后，大家是不是都直接滑走，从来不看完？

图 3-39　品牌硬广短视频内容

这其实跟大家刷朋友圈不喜欢刷到微商广告是一样的，用户在抖音上也更喜欢看有趣的内容和人，而看产品或者品牌的广告时，绝大部分用户都会生出反感情绪。

虽然有一些图文类的账号拥有一定数量的粉丝，但是他们的点赞率和评论往往比较低，粉丝的黏性相比于真人出镜类账号是较弱的，如图 3-40 所示。

图 3-40　图文类的账号和真人出镜类账号

3.3.2　视频挖掘，独特创意

俗话说"台上十分钟，台下十年功"，抖音上有创意和脚踏实地的短视频内容从不缺少粉丝的点赞和喜爱。例如，"燃烧的陀螺仪"发布的短视频都是采用"热门音乐＋运镜"的制作形式，这种内容花费了大量的心思和时间进行创作，如图 3-41 所示。

图 3-41　"燃烧的陀螺仪"抖音账号示例

创意类内容包含一些"脑洞"大开的段子、恶搞视频、日常生活中的创意等，出其不意的反转格外吸睛，即使是相似的内容，也能找到不同的笑点。

专家提醒

用户产生点赞的行为通常有两个出发点，一种是对视频内容的高度认可和喜欢，另外一种是担心以后再也刷不到这条视频，所以要进行收藏。搞笑视频则更偏向于前者，分享门槛低，可以说是最容易激起转发欲望的一种视频类型了。

3.3.3 记录生活，发现美好

生活中处处充满美好，缺少的只是发现美好的眼睛。用心记录生活，生活也会时时回馈给你惊喜。下面我们来看看这些抖音上的达人是如何通过拍摄平凡的生活片段，来赢得大量粉丝关注的。

例如，"锅锅想画画"在白纸上面画了一个简单的手电做成剪纸照亮了整个海底世界的场景，获得了十几万点赞，如图3-42所示。一张简单的白纸也可以"造"出海底世界的场景。

再如，图3-43所示为用手机镜头记录下的日常生活，经过滤镜的特殊处理后，平凡的场景变得十分浪漫。

图 3-42　用剪纸手电筒照亮海底世界

图 3-43　经过处理的日常生活画面

3.3.4 视频内容，积极向上

何谓正能量？《现代汉语词典》中的解释为：积极健康、起正面作用的能量。

早在 2018 年 3 月 19 日，抖音召开品牌发布会，同时宣布了"美好生活"计划，即围绕"记录美好生活"这一主题，开展 DOU 计划、"美好挑战"计划和社会责任计划。

据悉，"美好计划"将作为抖音 2018 年的核心关键词，为用户在抖音营造更高的幸福感。抖音产品负责人王晓蔚表示，短视频本身有很强的示范作用，所以抖音希望能在日常的运营外，专门拿出一些流量来引导用户参与、传播关于美好生活的正能量挑战，这样的内容也一直贯彻至今。

在了解完抖音平台对于正能量的定位之后，我们来具体看看视频案例，进一步了解什么才算得上是正能量短视频。

1. 好人好事

好人好事的范畴很广：帮扶弱势群体，在恶劣环境中坚守岗位的部队官兵和公安干警，在山区几十年如一日的人民教师，以及传统意义上的好人好事，在抖音平台都可以展现出来。

拍摄包含正能量的视频，比如给环卫工人送水、看望孤寡老人、关爱弱势群体等，如图 3-44 所示。这类的正能量视频往往能触及人内心柔弱的部分，引起用户共鸣，吸引用户关注和点赞。但是拍摄一定要真实，不要刻意为了博人眼球而拍摄。

图 3-44　正能量短视频内容

2. 文化内容

书法、乐器、武术等文化类视频内容，在抖音上一直都有很高的关注度，如果你有一技之长，完全可以通过平台短视频的方式展现出来。

3. 拼搏进取的奋斗主题

第三个类型的范围较广，跟拼搏进取的奋斗主题相关的都包含在内。抖音曾发起了《奋斗吧！我的青春》挑战，号召抖音通过短视频展现出自己的青春奋斗故事。三天内，就有超过 10 万名用户参与了挑战，不少用户通过晒照片、录视频的方式，分享了自己甚至父辈的奋斗历程。

这里要注意的一点是，"正能量"跟"美好生活"概念的差别。本质上，前者属于后者的范畴，但并不是所有"美好生活"的内容，都能算得上是"正能量"。

3.3.5 视频拍摄，反转剧情

拍摄抖音视频时，出人意料的结局反转，往往能让人眼前一亮。在拍摄时要打破常规的惯性思维，使用户在看开头时猜不透结局的动向。当看到最终结果时，便会豁然开朗，忍不住为其点赞。

如果运营者研究过很多爆款视频，就可以看到开头部分的内容基本都是经过精心设计的，非常吸引人。比如，在抖音上粉丝数超过千万的"三金七七"账号的短视频，其前半部分总是有着跌宕起伏的剧情，直到视频最后才能知道故事的结局究竟是怎样的，如图 3-45 所示。

图 3-45　"三金七七"抖音账号的短视频内容

3.3.6 创新丰富，紧跟热门

很多运营者曾参加抖音上的挑战赛，"热梗"也玩了不少，视频都是原创，制作还很用心，但为什么就是得不到系统推荐，点赞数也特别少呢？

一条视频想要在抖音上火起来，除了"天时、地利、人和"以外，这里还总结了两条最重要的"秘籍"，一是要有足够吸引人的全新创意，二是内容的丰富性。要做到这两点，最简单的方法就是紧抓官方热点话题，这里不仅有丰富的内容形式，而且还有大量的新创意玩法。

抖音上每天都会有不同的挑战，运营者发视频的时候可以添加一个有挑战性的话题，优秀视频会被推荐到首页，提高视频的曝光率，从而引来相同爱好者的更多点赞与关注，如图3-46所示。运营者可以通过同类型的推荐视频，来分析这些获得高推荐量视频的内容特点，学习它们的优点，从而改进自己的缺陷。

图 3-46　添加抖音挑战话题从而被推荐的视频

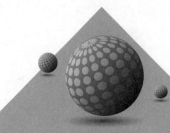

【引流篇】

第 4 章

吸粉技巧，爆发引流

学前提示：

抖音短视频自媒体已然成为当下的主流，其影响力越来越大，用户也越来越多。对于抖音这个聚集大量流量的地方，运营者们怎么可能放弃呢？

本章将介绍抖音平台的流量算法、抖音平台内的引流方式以及从线下引流至线上的方法与技巧。

要点展示：

➤ 了解算法，注入流量

➤ 爆发引流，六种方法

➤ 线下流量，引至线上

4.1 了解算法，注入流量

要想成为短视频平台上的"头部大V"，运营者首先要想办法给自己的账号或内容注入流量，让作品火爆起来，这是成为大博主的一条捷径。如果运营者没有那种一夜爆火的好运气，就需要一步步脚踏实地地做好自己的视频内容。

当然，这其中也有很多运营技巧，能够帮助运营者提升短视频的流量和账号的关注度，而平台的算法机制就是不容忽视的重要环节。目前，大部分的短视频平台都是采用去中心化的流量分配逻辑。本节将以抖音平台为例，介绍短视频的推荐算法机制，从而让你的短视频能够获得更多平台流量，轻松上热门。

4.1.1 算法机制，概念解读

简单来说，算法机制就像是一套评判规则，这个规则作用于平台上的所有用户（包括运营者和观众），用户在平台上的所有行为都会被系统记录，同时系统会根据这些行为来判断用户的性质，将用户分为优质用户、流失用户、潜在用户等类型。

例如，某个运营者在平台上发布了一个短视频，此时算法机制就会考量这个短视频的各项数据指标，来判断短视频内容的优劣。如果算法机制判断该短视频为优质内容，则会继续在平台上对其进行推荐，否则就不会再提供流量扶持。

如果运营者想知道抖音平台上当下的流行趋势是什么，平台最喜欢推荐哪种类型的视频，此时，运营者可以注册一个新的抖音账号，然后记录前30条刷到的视频内容，每个视频都完全看完，这样算法机制是无法判断运营者的喜好的，因此会给运营者推荐当前平台上最受欢迎的短视频内容。运营者可以根据平台的算法机制来调整自己的内容细节，让自己的内容能够最大限度地迎合平台的算法机制，从而获得更多流量。

4.1.2 抖音算法，精准匹配

抖音通过智能化的算法机制来分析运营者发布的内容和用户的行为，如点赞、停留、评论、转发、关注等，从而了解每个用户的兴趣，并给内容和账号打上对应的标签，从而实现彼此的精准匹配。

在这种算法机制下，好的内容能够获得用户的关注，从而获得精准的流量；而用户可以看到自己想要看的内容，因此会持续在这个平台上停留；同时，平台则获得了更多的高频用户，可以说是"一举三得"。

运营者发布到抖音平台上的短视频内容需要经过层层审核，才能被大众看到，其背后的主要算法逻辑分为三个部分，如图4-1所示。

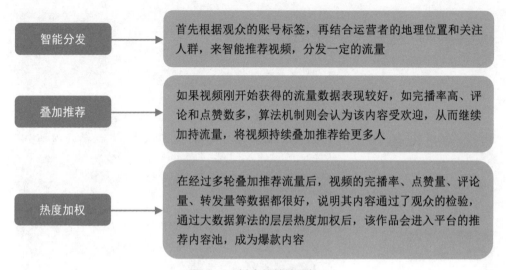

图 4-1　抖音的算法逻辑

4.1.3　流量赛马，内容竞争

抖音短视频的算法机制其实是一种流量赛马机制，也可以看成是一个漏斗模型，如图 4-2 所示。

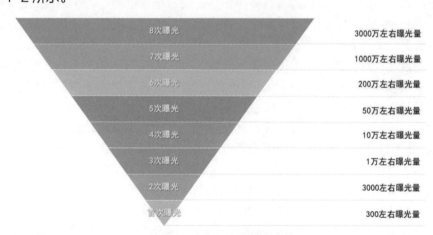

图 4-2　赛马（漏斗）机制

运营者发布内容后，抖音会将同一时间发布的所有视频放到一个池子里，给予一定的基础推荐流量，然后根据这些流量的反馈情况进行数据筛选，选出分数较高的内容，将其放到下一个流量池中，而数据差的内容，系统则暂时不会再推荐了。

也就是说，在抖音平台上，内容的竞争相当于赛马一样，通过算法将较差的内容淘汰。图 4-3 所示为流量赛马机制的相关流程。

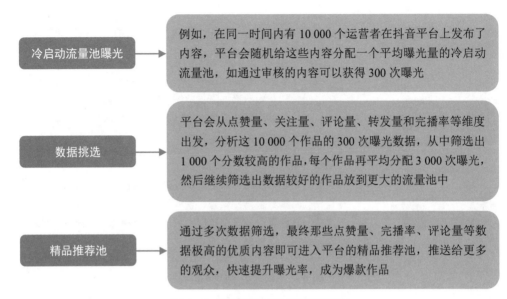

图4-3　流量赛马机制的相关流程

4.1.4　聚集流量，获取曝光

在抖音平台上，不管运营者有多少粉丝，内容是否优质，每个人发布的内容都会进入到一个流量池。当然，运营者的内容是否能够进入到下一个流量池，关键在于内容在上一个流量池中的表现。

总而言之，抖音的流量池可以分为低级、中级和高级三类，平台会依据运营者的账号权重和内容的受欢迎程度来分配流量池。也就是说，账号权重越高，发布的内容越受观众欢迎，得到的曝光量也会越多。

因此，运营者一定要把握住冷启动流量池，要想方设法地让自己的内容在这个流量池中获得较好的表现。通常情况下，平台评判内容在流量池中的表现，主要参照点赞量、关注量、评论量、转发量和完播率这几个指标，如图4-4所示。

运营者发布短视频后，可以通过自己的私域流量或者付费流量来增加短视频的点赞量、关注量、评论量、转发量和完播率等指标的数据。

也就是说，运营者的账号是否能够做起来，这几个指标是关键因素。如果某个运营者连续7天发布的短视频都没有人关注和点赞，甚至很多人看到封面后就直接刷掉了，那么算法系统就会判定该账号为低级号，给予的流量会非常少。

如果某个运营者连续7天发布的视频播放量都维持在200～300，则算法系统会判定该账号为最低权重号，同时将其发布的内容分配到低级流量池中。若该账号发布的内容持续30天播放量仍然没有突破，则同样会被系统判定为低级号。

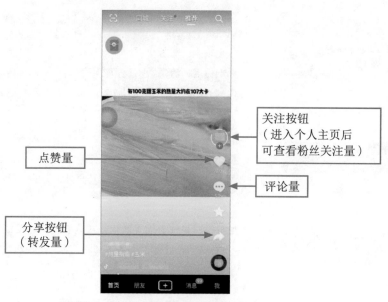

关注按钮
（进入个人主页后
可查看粉丝关注量）

点赞量

评论量

分享按钮
（转发量）

图 4-4　抖音平台上的短视频指标数据

　　如果某个运营者连续 7 天发布的视频播放量都超过 1 000，则算法系统会判定该账号为中级号或高级号，这样的账号发布的内容只要随便蹭个热点就能轻松上热门了。

　　运营者搞懂了抖音的算法机制后，即可轻松引导平台给账号匹配优质的用户标签，让账号权重更高，从而为内容争取到更多流量。

专家提醒

　　停留时长也是评判内容是否有上热门潜质的关键指标，用户在某个短视频播放界面的停留时间越长，就说明这个短视频越能深深吸引他。

4.1.5　叠加推荐，流量分发

　　在抖音平台基于内容提供第一拨流量后，算法机制会根据这拨流量的反馈数据来判断内容的优劣，如果判定为优质内容，则会给内容叠加分发多拨流量，反之，就不会再继续分发流量了。

　　因此，抖音的算法系统采用的是一种叠加推荐机制。一般情况下，运营者发布作品后的前一个小时内，如果短视频的播放量超过 5 000 次，点赞量超过 100 个，评论量超过 10 个，则算法系统会马上进行下一拨推荐。图 4-5 所示为叠加推荐机制的基本流程。

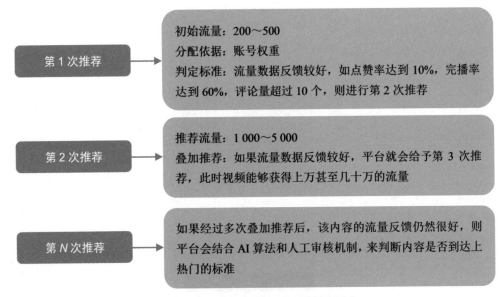

图 4-5 叠加推荐机制的基本流程

对于算法机制的流量反馈情况来说，各个指标的权重也是不一样的，具体为：播放量（完播率）＞点赞量＞评论量＞转发量。运营者的个人能力是有限的，因此当内容进入到更大的流量池后，这些流量反馈指标就很难进行人工干预了。

专家提醒

　　许多运营者可能会遇到这种情况，就是自己拍摄的原创内容没有火，但是别人翻拍的作品却火了，这其中很大的一个原因就是受到账号权重大小的影响。

　　关于账号权重，简单来讲，就是账号的优质程度，说直白点就是运营者的账号在平台心目中的位置。权重会影响内容的曝光量，低权重的账号发布的内容很难被观众看见，高权重的账号发布的内容则会更加容易被平台推荐。

运营者需要注意的是，千万不要为走捷径而去刷流量反馈数据，平台对于这种违规操作是明令禁止的，并会根据情况的严重程度，相应给予审核不通过、删除违规内容、内容不推荐、后台警示、限制上传视频、永久封禁、报警等处理。

4.1.6 把握时机，视频置顶

很多运营者在做抖音时，可能会发现一个现象，那就是视频刚开始发布时流量非常差，但过了一段时间后，这个视频却突然火了起来，这就是抖音算法机制中的"时间效应"现象。

因此，运营者如果看好某个视频内容，即便一开始没有获得很多平台流量，也要尽量想办法引流，如转发给微信好友或分享到朋友圈等。当这个视频的流量反馈数据上来了之后，很有可能再次得到平台的推荐。

另外，"时间效应"还有一种体现方式，那就是运营者刚开始发布的视频内容的流量反馈都一般，但突然有一天发布的一个视频火了，获得了很多的粉丝关注。这些粉丝很有可能会进入运营者的个人主页，去翻看他之前发布的视频，这样那些视频的流量反馈数据也会涨上去。此时，平台的算法系统就会认为该运营者的其他视频也很受用户欢迎，从而推荐那些老视频。

> **专家提醒**
>
> 需要注意的是，如果运营者前期发布的内容的流量反馈很好，视频进入了较大的流量池，但如果后期发布的视频产生了违规行为，运营者的账号权重就会被系统降低，从而导致账号被限流甚至封号。因此，运营者一定要懂得居安思危，保持账号的健康运营。

因此，运营者可以将一些自己认为优质的视频内容在个人主页置顶，便于用户点击查看，让这些优质的老视频内容获得上热门的机会。

4.1.7 复盘总结，优化内容

运营者在了解了抖音盒子的基本算法机制后，可以更好地把握自己创作的内容的流量推荐流程，当然这些只是基本功，后续获得流量的关键在于运营者的复盘总结工作。运营者可以针对以下问题对自己创作的内容进行复盘总结，如图4-6所示。

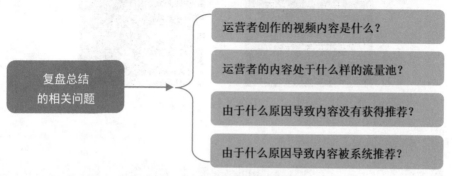

复盘总结的相关问题

- 运营者创作的视频内容是什么？
- 运营者的内容处于什么样的流量池？
- 由于什么原因导致内容没有获得推荐？
- 由于什么原因导致内容被系统推荐？

图4-6 复盘总结的相关问题

这些问题没有标准的答案，需要运营者根据自己的实际情况去不断进行复盘，分析和总结出一套适用于自己的内容创作方法，从而对内容进行更好的优化。

4.2 爆发引流，六种方法

抖音聚合了大量的短视频信息，同时也聚合了很多流量。对于运营者来说，如何通过抖音引流，让它为己所用才是关键。本节将介绍一些非常简单的抖音引流方法，手把手教你通过抖音获取大量粉丝。

4.2.1 硬广引流，推广产品

硬广告引流法是指在短视频中直接进行产品或品牌展示。建议运营者可以购买一个摄像棚，将平时朋友圈发的反馈图全部整理出来，然后制作成照片电影来发布视频，如健身的前后效果对比图、美白的前后效果对比图等。

例如，OPPO 手机的抖音官方账号就联合众多明星、达人，不仅打造出各种原创类高清短视频，同时结合手机产品自身的优势功能特点来推广产品，吸引用户关注，如图 4-7 所示。

图 4-7　OPPO 手机的短视频广告

4.2.2 抖音平台，热搜引流

对于短视频的运营者来说，蹭热词已经成为一项重要的技能。运营者可以利用抖音热搜寻找当下的热词，并让自己的短视频高度匹配这些热词，从而得到更多的曝光。

下面总结了四个利用抖音热搜引流的方法。

1. 视频标题文案紧扣热词

如果某个热词的搜索结果只有相关的视频内容，这时视频标题文案的编辑就尤为重要，运营者可以在文案中完整地写出这些关键词，提升搜索匹配度的优先级别。

2. 视频话题与热词吻合

以"美食"这个热词为例，搜索结果反映播放次数超过 9 000 亿，如图 4-8 所示。从视频搜索结果中的热门作品来看，这个视频的标题文案中并无"美食"关键词，之所以获得 40 多万的点赞量，是因为它带有包含热词的话题，如图 4-9 所示。

图 4-8　"美食"话题搜索结果

图 4-9　视频话题与热词吻合

3. 视频选用 BGM 与热词关联度高

例如，从"一路生花"这一热搜词返回的搜索结果来看，部分短视频从文案到标签，都没有"一路生花"的字样。这些短视频能得到曝光机会，是因为 BGM 使用了《一路生花》这首歌，如图 4-10 所示。因此，通过使用与热词关联度高的 BGM，同样可以提高视频的曝光率。

4. 账号命名踩中热词

这种方法比较取巧，甚至需要一些运气，但对于跟热词相关的垂直账号来说，一旦账号命名踩中热词，曝光概率就会大幅增加。

比如，热词"摄影"，前几位账号虽然点赞不多，但因为命名踩中了热词，也搭上了热榜的顺风车，所以曝光得到大幅增加，如图 4-11 所示。

图 4-10　视频选用 BGM 与热词关联度高　　　　图 4-11　账号命名踩中热词

4.2.3　原创视频，平台引流

有短视频制作能力的运营者，原创引流是最好的选择。运营者可以把制作好的原创短视频发布到抖音平台，同时在账号资料部分进行引流，如昵称、个人简介等地方都可以留下联系方式。图 4-12 所示为在个人简介留下微信的方式进行引流。

抖音上的年轻用户偏爱热门和创意有趣的内容，同时在抖音官方介绍中，抖音鼓励的视频是：场景、画面清晰；记录自己的日常生活，内容健康向上，剧情类、才艺类、心得分享类、搞笑类等多样化内容，不拘泥于一个风格。运营者可以在制作原创短视频内容时记住这些原则，让作品获得更多推荐。图 4-13 所示为利用自己的才艺制作原创视频进行引流。

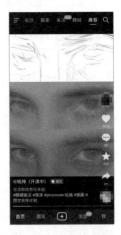

图 4-12　个人简介引流示例　　　　图 4-13　才艺类原创视频引流示例

4.2.4 抖音平台，评论引流

抖音短视频的评论区基本上都是抖音的精准受众，而且都是活跃用户。运营者可以事先编辑好一些引流话术，话术中带有联系方式。在自己发布的视频的评论区回复其他人的评论，评论的内容直接复制、粘贴引流话术。

精准粉丝引流法主要通过运营者去关注同行业或同领域的相关账号，评论他们的热门作品，并在评论中打广告，给自己的账号或者产品引流。

例如，卖女性产品的用户可以多关注一些护肤、美容等相关账号，因为关注这些账号的粉丝大多是女性群体。

运营者可以到网红或者同行发布的短视频评论区进行评论，评论的内容直接复制、粘贴引流话术。评论热门作品引流主要有以下两种方法。

（1）直接评论热门作品：特点是流量大、竞争大。

（2）评论同行的作品：特点是流量小，但是粉丝精准。例如，做健身类产品的运营者，在抖音搜索健身类的关键词，即可找到很多同行的热门作品。运营者可以将这两种方法结合在一起做，同时注意评论的频率。但是评论的内容不可以千篇一律，不能带有敏感词。

评论热门作品引流法有两个小诀窍，具体方法如下。

（1）用小号到当前热门作品中去评论，评论内容可以写：想看更多精彩视频请点击→→@（你的大号）。另外，小号的头像和个人简介等资料都是用户第一眼就能看到的东西，因此要尽量给人很专业的感觉。

（2）直接用大号去热门作品中回复：想看更多好玩视频请点我。注意，大号不要频繁进行这种操作，建议一小时内评论2～3次即可，太频繁地评论可能会被系统禁言。这么做的目的是直接引流，把别人热门作品里的用户流量引入到你的作品里。

4.2.5 多个账号，矩阵引流

抖音矩阵是指通过同时做不同的账号运营，来打造一个稳定的粉丝流量池。道理很简单，做一个抖音号也是做，做10个抖音号也是做，同时做多个账号可以为运营者带来更多的收获。

打造抖音矩阵基本都需要团队的支持，至少要配备2名主播、1名拍摄人员、1名后期剪辑人员以及1名推广营销人员，从而保证多账号矩阵的顺利运营。

抖音矩阵的好处很多，首先可以全方位地展现品牌特点，扩大影响力；同时还可以形成链式传播来进行内部引流，从而大幅提升粉丝数量。

例如，被抖音带火的城市西安，就是在抖音矩阵的帮助下成功的。据悉，西安已经有70多个政府机构开通了官方抖音号，这些账号通过互推合作引流，同时搭配KOL（Key Opinion Leader，关键意见领袖）引流策略，让西安成为"网红"

打卡城市之一。

西安通过打造抖音矩阵大幅提升了城市形象，同时给旅游行业引流。当然，不同抖音号的角色定位也有很大的差别。

抖音矩阵可以最大限度地降低单账号运营风险，这和投资理财强调的"不把鸡蛋放在同一个篮子里"的道理是一样的。多账号一起运营，无论是做活动，还是引流、吸粉，都可以达到很好的效果。但是，在打造抖音矩阵时，还有很多注意事项，如图4-14所示。

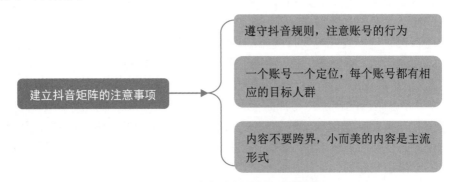

图4-14 建立抖音矩阵的注意事项

这里再次强调抖音矩阵的账号定位，这一点非常重要，每个账号角色的定位不能过高或者过低，更不能错位，既要保证主账号的发展，也要让子账号能够得到很好的成长。

例如，西安利用矩形引流分别开设了西安美食、西安攻略、西安旅游、文明西安、西安街拍等一系列以西安为中心的子账号，图4-15所示为其中一个以美食为主题的西安子账号——"西安美食达人圈"，粉丝量达到了十多万。

图4-15 "西安美食达人圈"的主页及其短视频内容

4.2.6 抖音私信，回复引流

抖音支持"私信"功能，一些粉丝可能会通过该功能给运营者发信息，运营者可以时不时看一下，并利用私信回复来进行引流，如图 4-16 所示。

图 4-16 利用抖音私信回复来进行引流

4.3 线下流量，引至线上

由于网购越来越普及，线下门店遭遇了不可避免的困境。线下门店由于成本高昂、时间与空间被限制等问题，在一定程度上限制了线下的用户流量。

对于线下门店而言，获取每一个进店用户都是有成本的，这个成本就是门店的租金、店员的工资、水电物业费用，折算在每一个用户身上，就是门店的用户到店成本。运营者将到店流量转移至线上电商平台，转化为自己的私域流量，才能够做好后期的持续运营和流量变现。以下是常用的将线下流量引流至线上的方法。

4.3.1 限时折扣，赠品引流

限时折扣和赠品引流，是线下门店常用的引流手段，即将个别商品标上极低的售价，以吸引用户到店消费。用户在进店购买折扣商品时，商家又会设计扫码进群可领会员等福利手段，将用户转化为自己的私域流量。

引流福利一般为普遍且实用的东西，包括店铺现金抵用券、购物袋以及店铺自带的赠品，由于扫码本身所需要的成本极低，大部分用户都会愿意扫码领取物品。

例如，购物袋引流在大型超市、餐饮店中十分常见，商家会在收银台放置专门的购物袋扫码机器，如果用户需要打包袋，可以通过扫描门店的二维码自行免费领取。图 4-17 所示为某超市的购物袋自动领取装置。

图 4-17　某超市的购物袋自动领取装置

4.3.2　发停车券，转化流量

停车券引流同样具有普适性及常用性，由于人们外出经常需要停车，在大型超市、购物广场、电影院、商业圈的街道都会收取停车费，且往往按小时计算费用，价格不菲。

发放停车券，可以为需要停车的用户省下这笔费用，用户通过在店内消费，并扫描商家的门店二维码获取停车券，凭借该券用户可以不用再额外缴费。图 4-18 所示为某购物中心的停车券发放规则，通过注册会员领取福利的方式引导线下用户转化为线上流量。

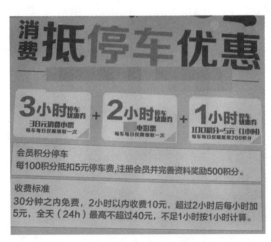

图 4-18　某购物中心的停车券发放规则

4.3.3 异业联盟，推广联盟

异业联盟是指通过联合不同行业、同一小区、多个优质诚信商家一起为门店进行宣传引流，让本地区的用户群体能够享受到整体的优惠活动。

联合推广能够最大化地扩大线下门店的宣传力度，联合周边门店的力量一起互帮互助，将一个门店的推广扩展为整个小区内的门店活动宣传推广。在最大化地收集到线下门店的用户流量后，再引导用户添加社群，转化为线上流量即可。

扩大线下门店的流量，有以下四种方法。

1. 与本地新媒体平台合作

商家可以与本地新媒体进行合作，借助新媒体线上平台来宣传活动，每推广一条广告，新媒体可以得到相应的返利。需要注意的是，商家应选择与活动地区、人群相匹配的新媒体平台。图4-19所示为某新媒体为长沙地区的消费节活动进行宣传。

图4-19 本地新媒体平台宣传文案

2. 与本地社群合作

一个小区往往会有许多社群，在本地微信群进行推广，前期联系群主，并以提供佣金的方式让群主帮忙推广活动。

3. 与本地关键人物合作

找到本地有一定资源并且认可本次活动的推广模式与活动价值的关键人物，通过分配佣金与其利益进行绑定，从而激发他们推广活动的热情。

4. 地推

地推又称线下推广，可以通过合作商家的线下门店海报展开，也可以在高校、步行街、商场等人流量密集的地方通过发传单、表演、开展免费咨询活动的方式进行。

4.3.4　社区关系，三个层面

随着互联网的发展，网上购物开始占据大部分的客流量，这就导致了传统的门店获客成本越来越高。如何扩大门店的影响力，尽可能地吸收门店周边的用户流量，已经成为商家需要思考的问题。

由于门店服务的用户圈层大多数来自周边小区的住户，商家如果将门店服务融入社区中无疑能够给门店及品牌带来更大的价值与客流量。将门店投入社区并付出心力，才能够与社区建立良好的合作关系，获得周边居民的信任，从而扩充用户来源。

门店融入社区关系可以分为以下三个层面。

1. 基于产品和服务的关系

社区里面的人到店内进行消费，门店的产品和服务能否高出用户的预期，并在复购时，让用户能够认可自己的产品和服务，是这个层级关系的核心。

例如，电商平台"兴盛优选"，一直以细致体贴的送货上门服务为社区居民提供便利，增强了用户与商家之间的信任感。图 4-20 所示为兴盛优选的上门服务过程。

图 4-20　兴盛优选的上门服务过程

2. 服务和用户感觉的关系

用户感觉是一个综合影响因素，包含门店内的装修、物料布置、音乐、卫生状况等，因此需要门店持续优化服务，将服务做到极致。

3. 服务和用户深厚感情的关系

这个时候用户到店里来不再单纯以用户的身份，而是以朋友的身份来门店里串门，店内每一个服务人员都能认出重点用户，能够叫得上对方的名字，了解他的喜好，甚至可以跟这些用户开玩笑。

搞好门店与社区居民的关系，才能够有效地将潜在用户转化为真实用户，进而促进公共流量到私域流量的转化。

4.3.5 免费体验，直接感受

免费体验引流适合于线下门店体验感较强，但通过线上推广视频无法体现出门店消费感受的行业，如 KTV、室内游泳馆、健身馆、美甲店等。

店铺的商家可以通过举办免费体验活动，邀请用户前往线下门店。商家可以拍摄相应的体验视频，或者将来尝试的用户的体验过程拍成视频，也可以请一些有粉丝基础的网红或者博主来体验、打卡，学习小红书平台的模式，激起用户想要跟风打卡的心理，从而提高用户的到店率。

例如，教育培训行业可以开设一节体验课，让学生感受编程教育的快乐，如图 4-21 所示。当学生身在其中与老师进行互动交流时，所带来的体验感才是最直接的。

图 4-21 线下门店体验过程

有一些商家在门店开业时，在抖音平台打出"免费畅玩"的口号，并且拍摄相关服务的视频，吸引用户前往体验，切身体验后部分用户可能会办卡或充值，从而实现线上引流至线下以及变现的目标。图 4-22 所示为面馆以及按摩店的开业酬宾活动，从点赞量及评论量来看都获得了不错的引流效果。

图4-22　开业酬宾免费体验类型的短视频你的大号

4.3.6　常见引流，四种方法

除了以上几种引流方法外，还有以下四种常见的线下引流方法，可以为线下门店带来流量。

1. 拼团

商家可以设置群组活动，吸引用户拉动新的裂变。比如店内原价50元一对的耳环，商家设置买二送二，用户就可能会拉动其他用户进行"拼单"购买，从而达到商家想要的裂变效果。通过不断拼团拉新，不仅可以定制参与者的数量，还可以设置模拟组，通过"匿名买家"凑满人数。

2. 官方账号干货

有微信官方账号的商家可以通过微信官方账号分享店铺相关文章。比如，水果店分享各种水果的切割方法，在文章底部上传小程序二维码，将用户从线下的潜在用户转化为会下单的用户。

3. 外卖配送微信好评卡

有外卖平台的商家可以在配送时放置微信二维码、小程序卡片，将用户迁移到自己这里，公域、私域两手抓，从而达到更好的转化效果。

商家将用户引流到微信和社群后，微信官方账号要做好维护，经常发优惠券、营销短信、店内活动消息等，可以通过签到等小程序营销工具，比如签到及积分商城、秒杀、讨价还价等玩法提升用户的活跃度，提高复购率。

4. 发放传单

商家可以在人流量较大的路口发放传单，为门店引流，传单上可以印上门店的专属公众号或小程序二维码，当用户对传单上的内容感兴趣时，就会扫码关注公众号，从而将潜在用户转化为线上的私域流量。图 4-23 所示为某超市的活动宣传单，其在正中央添加了门店的二维码。

图 4-23　某超市的活动宣传单

第 5 章

投放 DOU +，管理技巧

学前提示：

运营者进行 DOU +投放，不仅可以提高短视频的浏览曝光量，还可以扩大商品的推广范围。

本章就来讲解 DOU +的投放和管理技巧，帮助运营者快速掌握 DOU +的使用方法。

要点展示：

➢ DOU +投放，实用操作

➢ 管理投放，两大技巧

➢ 玩转 DOU +，精准投放

5.1 DOU＋投放，实用操作

运营者可以通过 DOU＋投放，增加内容的曝光量，让更多用户看到你发布的内容。本节就来讲解 DOU＋的投放技巧，帮助大家快速掌握 DOU＋投放的实操方法。

5.1.1 投放入口，加热视频

运营者要使用 DOU＋加热短视频内容，就得先找到 DOU＋的投放入口。抖音的 PC 端和移动端都为用户提供了 DOU＋的投放入口，下面以 PC 端为例，为大家进行步骤解读。

步骤 01 打开浏览器，登录进入抖音官网，在"推荐"页面中，❶将鼠标指针停留在"合作"按钮上，显示列表框；❷选择"广告投放"选项，如图 5-1 所示。

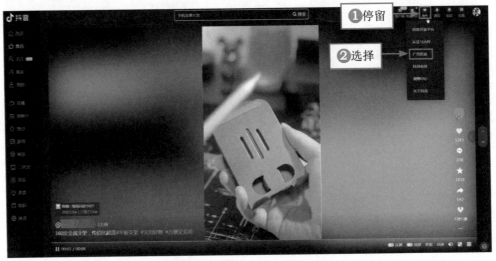

图 5-1 选择"广告投放"选项

步骤 02 执行操作后，进入巨量引擎平台的"营销产品"页面，该页面中为用户提供了多种广告类型的投放入口，单击"丰富的广告类型"选项区中的"DOU＋"按钮，如图 5-2 所示。

步骤 03 执行操作后，即可看到 DOU＋投放的相关介绍，单击介绍内容下方的"立即开始推广"按钮，如图 5-3 所示。

步骤 04 执行操作后，进入 DOU＋官网平台的默认页面，如图 5-4 所示。该页面中会显示 DOU＋投放的相关信息。运营者只需在该页面中进行信息设置，即可进行 DOU＋的投放。

图 5-2 单击"DOU +"按钮

图 5-3 单击"立即开始推广"按钮

图 5-4 DOU +官网平台的默认页面

专家提醒

只有未添加购物车的短视频才能投放 DOU +，如果短视频中添加了购物车，那么就应该通过巨量千川投放来增强营销推广效果。

5.1.2　直接投放，营销推广

如果运营者经常通过自己的抖音号发布短视频，那么便可以选择给自己的短视频投放 DOU +，从而提高对应短视频的营销推广效果。

具体来说，运营者可以选择通过 PC 端或移动端给自己的短视频投放 DOU +。下面以 PC 端为例介绍相关的操作方法。

步骤 01　进入 DOU +官网平台的默认页面，❶选择想要获得的效果；❷选择需要加热的短视频（如果抖音号中只有一个符合 DOU +投放要求的短视频，系统会自动进行选择），如图 5-5 所示。

图 5-5　选择需要加热的短视频

步骤 02　向下滑动页面，❶选择合适的短视频加热方式；❷单击"支付"按钮，如图 5-6 所示。

步骤 03　进入"收银台"页面，单击"扫码支付"按钮，如图 5-7 所示。

步骤 04　执行操作后，会弹出"扫码支付"对话框，如图 5-8 所示。运营者只需使用支付宝或微信扫码付款，即可完成 DOU +的投放。

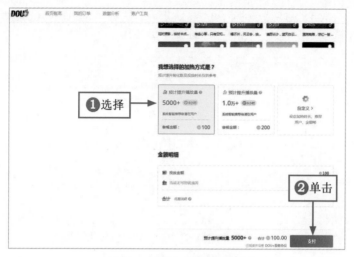

图 5-6　单击"支付"按钮

图 5-7　单击"扫码支付"按钮

图 5-8　"扫码支付"对话框

　　以上是直接使用平台默认的加热方式进行短视频 DOU ＋的投放，如果运营者对短视频 DOU ＋投放有具体的要求，也可以进行 DOU ＋的自定义加热设置，具体操作如下。

步骤① 进入 DOU +官网平台的默认页面，选择"我想选择的加热方式是？"选项区中的"自定义"选项，如图 5-9 所示。

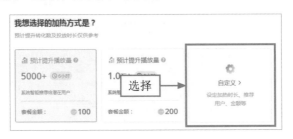

图 5-9　选择"自定义"选项

步骤② 执行操作后，会弹出"自定义投放"对话框，❶选择投放时长、视频推荐方式和投放金额；❷单击"确定"按钮，如图 5-10 所示。

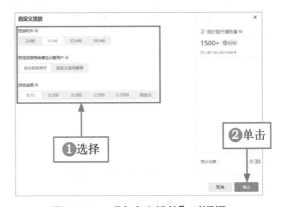

图 5-10　"自定义投放"对话框

步骤③ 执行操作后，返回 DOU +官网平台的默认页面，❶"我想选择的加热方式是？"选项区中会显示相关信息；❷单击"支付"按钮，如图 5-11 所示。

图 5-11　单击"支付"按钮

步骤 04　执行操作后，进入图 5-7 所示的"收银台"页面，运营者只需单击该页面的"扫码支付"按钮，并根据提示扫码付款，即可完成 DOU＋的投放。

5.2　管理投放，两大技巧

在完成 DOU＋投放之后，运营者除了需要对效果进行复盘之外，还需要对 DOU＋投放后可能会出现的问题进行管理，如数据在哪里查看、订单无法查看等。本节为大家讲解 DOU＋投放的管理技巧。

5.2.1　数据管理，操作解析

完成投放 DOU＋后，短视频的相关数据会产生变化，此时便可以对这些数据进行查看和管理。下面以移动端为例介绍相关的操作步骤。

步骤 01　进入并登录抖音 App，进入"我"界面，❶点击 ▤ 图标；❷选择"抖音创作者中心"选项，如图 5-12 所示。

步骤 02　进入相应界面，点击"全部"按钮，如图 5-13 所示。

图 5-12　选择"抖音创作者中心"选项

图 5-13　点击"全部"按钮

步骤 03　执行操作后，弹出"我的服务"面板，点击"进阶服务"选项区中的"上热门"按钮，如图 5-14 所示。

步骤 04　执行操作后，进入"DOU＋上热门"界面，在"我的订单"选项区中，运营者可以直接查看账号近 7 日的数据表现，如图 5-15 所示。点击"更多数据"按钮，即可进入"视频详情数据"界面，在此可查看近一个月的数据表现。

图 5-14　点击"上热门"按钮

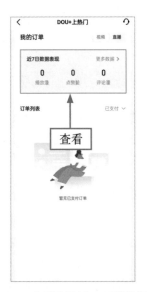

图 5-15　查看账号近 7 日的数据表现

5.2.2　订单管理，步骤解析

投放 DOU +之后，运营者还可以对订单信息进行查看和管理。下面以 PC 端为例介绍相关的操作步骤。

步骤 01　单击 DOU +官网平台默认页面的"我的订单"按钮，进入对应页面，查看 DOU +的投放信息。具体来说，当 DOU +的投放申请未通过时，运营者可以单击"我的订单"页面中审核不通过的订单，如图 5-16 所示。

图 5-16　单击"我的订单"页面中审核不通过的订单

步骤 02　执行操作后，会弹出相关窗口，该窗口中会显示"审核不通过"字样及不通过的原因，如图 5-17 所示。运营者可以根据审核不通过的原因，调整投放内容，并再次提交投放申请，从而提高申请通过的成功率。

图 5-17　显示"审核不通过"字样及不通过的原因

除此之外，DOU +投放完成后，运营者还可以查看订单的详情，评估 DOU + 的投放效果，具体操作如下。

步骤 01　单击"我的订单"页面中投放完成订单的所在位置，如图 5-18 所示。

图 5-18　单击"我的订单"页面中投放完成订单的所在位置

步骤 02　执行操作后，会弹出"订单详情"窗口，运营者可以直接在该窗口中查看 DOU +投放的订单信息、投放效果和互动数据，如图 5-19 所示。另外，运营者还可以滑动"订单详情"窗口，查看 DOU +投放的内容分析和观众画像。

图 5-19　DOU +投放的订单信息、投放效果和互动数据

专家提醒

　　"订单详情"窗口中的观众画像信息要等到投放完成才会显示出来，如果运营者在 DOU＋投放的过程中查看"订单详情"，"观众画像"选项区中就不会显示观众的具体信息。

5.3　玩转 DOU＋，精准投放

　　不管是投放 DOU＋前还是投放 DOU＋后，运营者都需要对 DOU＋的相关信息进行熟悉，以方便之后更精准地投放 DOU＋。本节就来为大家介绍 DOU＋的相关信息，帮助大家更深入地了解 DOU＋。

5.3.1　账号升级，增强效果

　　在部分投放场景下，投放 DOU＋需要进行账号的升级，如短视频中添加的购物车链接含有第三方商品、短视频中含有营销属性等。而且账号升级后，运营者将享有更多的突出优势，如增强投放效果、增加转化目标等。下面为大家介绍账号升级的相关操作步骤。

　　步骤 01　进入并登录抖音短视频 App，进入"我"界面，❶点击 ☰ 图标；❷选择"抖音创作者中心"选项，如图 5-20 所示。

　　步骤 02　进入相应界面，点击"全部"按钮，弹出"我的服务"面板，点击"进阶服务"选项区中的"上热门"按钮，如图 5-21 所示。

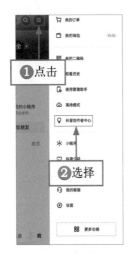

图 5-20　选择"抖音创作者中心"选项

图 5-21　点击"上热门"按钮

步骤 03 执行操作后，进入相应界面，在"我的账户"选项区中，点击"账号信息"按钮，如图 5-22 所示。

步骤 04 执行操作后，进入"升级账号"界面，❶选中"已阅读并同意 DOU＋账号升级协议，升级后仅支持开个人发票"复选框；❷点击"立即免费升级"按钮，如图 5-23 所示。

图 5-22 点击"账号信息"按钮

图 5-23 点击"立即免费升级"按钮

步骤 05 进入"请选择认证方式"界面，如果之前已经对抖音号进行了实名认证，界面中会弹出"巨量引擎"对话框，点击"同意"按钮，如图 5-24 所示。

步骤 06 进入"个人资质认证"界面，❶选中"我已阅读并同意《人脸信息处理规则》"复选框；❷点击"确认以该身份信息进行认证"按钮，如图 5-25 所示。

图 5-24 点击"同意"按钮

图 5-25 点击"确认以该身份信息
进行认证"按钮

步骤 07 执行操作后，会显示"认证成功"字样，如图 5-26 所示，即可完成资质的认证。

步骤 08 执行操作后，返回"账号信息"界面，如图 5-27 所示。运营者可以在此完善相关信息，如"推广行业""投放资质"等。

图 5-26 显示"认证成功"字样   图 5-27 "账号信息"界面

需要注意的是，在个人资质认证成功后，账号还需要约 15 分钟才可升级成功。在升级期间，暂时不可以退款。

5.3.2 新手入门，初步了解

抖音官方推出了 DOU ＋新手入门内容，如果运营者不熟悉 DOU ＋，可以通过新手入门来进行了解。下面详细介绍操作步骤。

步骤 01 进入抖音创作者中心界面，点击"全部"按钮，弹出"我的服务"面板，点击"进阶服务"选项区中的"上热门"按钮，如图 5-28 所示。

步骤 02 执行操作后，进入相应界面，点击"新手入门"按钮，如图 5-29 所示。

步骤 03 执行操作后，进入"新手入门"界面，会看到很多的问题选项，这里以"如何投放 DOU ＋"这一选项为例进行相关介绍，如图 5-30 所示。

步骤 04 执行操作后，即可进入对应的抖音短视频播放界面，如图 5-31 所示。在该短视频中详细解答了"如何投放 DOU ＋"这一问题。

图 5-28　点击"上热门"按钮

图 5-29　点击"新手入门"按钮

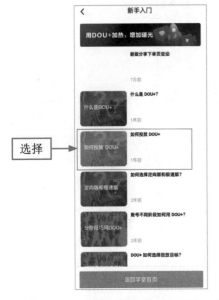

图 5-30　选择"如何投放 DOU ＋"选项

图 5-31　短视频播放界面

5.3.3　直播教学，DOU ＋直播间

运营者想要通过直播来进行电商变现，就需要了解抖音官方的相关规则，从而避免出现抖音所禁止的内容。因为直播教学是抖音官方推出的一个教学操作，所以

其内容不仅全面，而且讲解详细。下面为大家介绍进入直播教学的相关内容。

步骤 01 进入抖音创作者中心界面，点击"全部"按钮，弹出"我的服务"面板，点击"进阶服务"选项区中的"上热门"按钮，如图5-32所示。

步骤 02 执行操作后，进入相应界面，点击"直播教学"按钮，如图5-33所示。

步骤 03 执行操作后，即可进入"DOU＋直播间"界面，如图5-34所示。

图 5-32 点击"上热门" 按钮　　　图 5-33 点击"直播教学" 按钮　　　图 5-34 "DOU＋直播间" 界面

进入"DOU＋直播间"界面后，运营者能够看到DOU＋官方直播间带来的好处，共有6种，具体内容如图5-34所示。为了让运营者更好地进行操作，下面将为大家介绍详细的步骤。

步骤 01 进入抖音短视频App搜索界面，搜索"DOU＋小课堂"，即可进入搜索结果界面，❶切换至"用户"选项卡；❷选择"DOU＋小课堂"选项，如图5-35所示。

步骤 02 执行操作后，进入"DOU＋小课堂"主页界面，其简介中显示了直播的具体时间，若想查看之前的直播，可以点击"直播动态"按钮，如图5-36所示。

步骤 03 执行操作后，进入"直播动态"界面，在此界面可以看到该账号之前所有的直播历史动态，点击其中一个回放封面，如图5-37所示。

步骤 04 执行操作后，即可进入该直播回放的播放界面，查看相关内容，如图5-38所示。

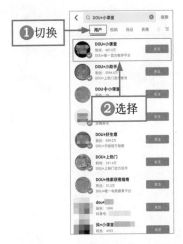

图 5-35 选择"DOU +小课堂"选项

图 5-36 点击"直播动态"按钮

图 5-37 点击回放封面

图 5-38 直播回放的播放界面

5.3.4 福利社，专属奖励

福利社是指运营者可以进行的各项优惠活动，该项活动仅限受邀用户参与，受邀用户进入活动界面完成专属 DOU + 任务后，即可获得专属的奖励。下面将为大家介绍进入福利社的具体操作步骤。

步骤 01 进入抖音创作者中心界面，点击"上热门"按钮，如图 5-39 所示。

步骤 02 执行操作后，进入相应界面，点击"福利社"按钮，如图 5-40 所示。

步骤 03 执行操作后，进入"热门活动"界面，点击"立即查看"按钮，如

图 5-41 所示。

图 5-39　点击"上热门"按钮

图 5-40　点击"福利社"按钮

图 5-41　点击"立即查看"按钮

步骤04　执行操作后，进入"抖音商家成长中心"界面，该界面中有 3 个选项区，分别为"成长任务""看视频 会推广"和"1v1 专属管家"，如图 5-42 所示。

图 5-42　"抖音商家成长中心"界面中的 3 个选项区

"看视频 会推广"选项区主要是介绍一些具有不同功能的官方账号，运营者对哪个功能感兴趣，即可点击"一键关注"按钮关注对应的功能账号。"1v1 专属管家"选项区的主要功能是对运营者进行 1v1 指导，为其提供审核建议，以及替其进行账号诊断等。

　　下面以"成长任务"选项区为例介绍完成任务的具体操作步骤。

步骤 01　选择"成长任务"选项区中的一个任务，以"完成 DOU＋下单活跃天数 3 天"为例，点击其对应的"领任务"按钮，如图 5-43 所示。

步骤 02　执行操作后，点击"去完成"按钮，如图 5-44 所示。

图 5-43　点击"领任务"按钮

图 5-44　点击"去完成"按钮

步骤 03　执行操作后，即可返回"DOU＋上热门"界面，点击"选个视频上热门"选项区的"全部视频"按钮，如图 5-45 所示。

步骤 04　执行操作后，在"我的视频"选项卡中点击"上热门"按钮，如图 5-46 所示。

步骤 05　执行操作后，进入"速推版"界面，在此进行 DOU＋的下单即可。并且账号活跃天数还需要超过 3 天。只有这两个条件都满足，该任务才算完成。

图5-45　点击"全部视频"按钮

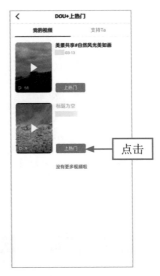

图5-46　点击"上热门"按钮

5.3.5　任务中心，自行参与

在DOU＋任务中心中，运营者可以查看所有可领取的、待完成的任务，以及90天内的历史任务等。DOU＋任务中心内发布的活动，受邀用户可以自行参与，不具有强迫性。下面为大家介绍进入任务中心的相关操作步骤。

步骤01　进入"DOU＋上热门"界面，点击"任务中心"按钮，如图5-47所示。

步骤02　执行操作后，即可进入"任务中心"界面，如图5-48所示。

图5-47　点击"任务中心"按钮

图5-48　"任务中心"界面

5.3.6　常用功能，基本了解

在"DOU +上热门"界面中，除了上面讲述的内容之外，还有一些常用功能，如"兑换收入""发票""退款""数据授权""账号速推""通知管理"和"用户帮助"。下面以"用户帮助"为例介绍详细的操作步骤。

步骤 01　进入"DOU +上热门"界面，点击"我的账户"选项区中的"用户帮助"按钮，如图 5-49 所示。

步骤 02　执行操作后，进入"帮助与客服"界面，在此可以选择或搜索需要解答的问题，这里以"审核问题"为例，选择"审核问题"选项，如图 5-50 所示。

图 5-49　点击"用户帮助"按钮　　　图 5-50　选择"审核问题"选项

步骤 03　执行操作后，会显示出一些常见的关于审核的问题，选择其中一个问题，如图 5-51 所示。

步骤 04　执行操作后，系统会对此问题做出回答，如果运营者还是不清楚的话，则可以点击此界面最下方的"联系官方客服"按钮，如图 5-52 所示。

步骤 05　执行操作后，进入"欢迎咨询"界面，如图 5-53 所示，在此可以进一步咨询相关问题。

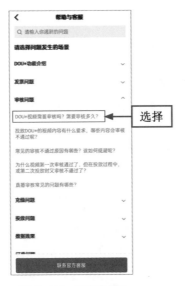

图 5-51　选择问题

图 5-52　点击"联系官方客服"按钮

图 5-53　"欢迎咨询"界面

第 6 章

站外引流，聚焦流量

学前提示：

运营者可以借助站外平台进行引流，实现短视频的广泛传播，进而实现流量的快速增长。本章重点介绍运营者需要把握的三类外部引流平台，让运营者能够更好地提升短视频的热度和抖音号的曝光量。

要点展示：

➢ 社交平台，快速吸粉

➢ 资讯平台，挖掘粉丝

➢ 视频平台，引流便利

6.1 社交平台，快速吸粉

许多热门社交平台中通常都会聚集大量用户，而对于运营者来说，这些社交平台潜藏着大量的粉丝，如果运营者能够通过一定的方法将这些社交平台的流量引至抖音，便可以直接实现粉丝量的快速增长。

6.1.1 微信引流，三个方面

微信平台引流主要是借助微信这个社交软件，将抖音账号的相关信息告知微信好友，从而实现引流。具体来说，微信引流可以从三个方面进行，一是微信聊天引流；二是微信公众号引流；三是微信朋友圈引流。

1. 微信聊天引流

微信聊天是微信的一个重要板块，许多人甚至直接将其作为日常生活和工作中的一个主要沟通工具。运营者也可以充分利用微信聊天功能进行引流，将自己的微信好友及微信群成员转化成抖音号的粉丝。

在通过微信聊天进行引流时，运营者可以充分利用抖音短视频平台的"发送给朋友"和"收藏"等功能，将短视频内容发送给微信好友和微信群成员，从而扩大短视频内容的覆盖面。

2. 微信公众号引流

微信公众号从某一方面来说就是个人和企业等主体进行信息发布，并通过运营来提升知名度和品牌形象的平台。运营者如果要选择一个用户基数大的平台来推广抖音短视频内容，并且希望通过长期的内容积累来构建自己的品牌，那么微信公众平台无疑是一个理想的传播平台。

在微信公众号上，运营者可以通过文章和视频对抖音号的相关信息进行介绍，从而将微信公众号的粉丝转化为抖音号的粉丝。

3. 微信朋友圈引流

对于运营者来说，虽然朋友圈单次传播的范围较小，但是从对接收者的影响程度来看，它却具有其他一些平台无法比拟的优势，具体如下。

- 用户黏性强，很多人每天都会去翻阅朋友圈。
- 朋友圈好友间的关联性和互动性强，可信度高。
- 朋友圈用户多，覆盖面广，二次传播范围大。
- 朋友圈内转发和分享方便，易于短视频内容传播。

运营者在朋友圈中进行抖音短视频推广时，有三个方面是需要重点关注的，具体分析如下。

（1）运营者在拍摄抖音短视频时要注意画面的美观性。因为推送到朋友圈的视频，是不能自主设置封面的，它显示的就是开始拍摄时的画面。当然，运营者也可以通过视频剪辑的方式保证推送视频封面的美观度。

（2）运营者在推广短视频时要做好文字描述。在看朋友圈中的短视频时，微信好友第一眼看到的就是短视频的封面和视频上方的文字描述，而短视频封面能够传递的信息又是比较有限的。因此，许多运营者都会通过文字描述将重要的信息呈现出来，如图 6-1 所示。这样的设置，一来有助于让用户了解短视频内容，二来如果设置得好，还可以增强用户点击观看短视频的欲望。

（3）在通过视频推广商品时，运营者要利用好朋友圈的评论功能。如果视频上方的文字描述过长，就会被折叠起来。因此，为了完整展示信息，运营者可以将重要信息放在评论里进行展示，如图 6-2 所示，这样可以让浏览朋友圈的人快速把握住该条朋友圈的重点信息。

图 6-1　做好重要信息的文字表述

图 6-2　利用好朋友圈的评论功能

6.1.2　QQ 引流，吸粉利器

腾讯 QQ 有两大引流利器，一是 QQ 群，二是 QQ 空间，并且其用户数量不容小觑，下面分别进行说明。

1. QQ 群引流

无论是微信群，还是 QQ 群，如果没有设置"消息免打扰"的话，群内任何人发布信息，其他人都会收到提示信息。因此，与朋友圈和微信订阅号不同，通过微信群和 QQ 群推广抖音号，可以让推广信息直达用户，这样一来用户关注抖音号和播放短视频的可能性也就更大了。

而且微信群和 QQ 群内的用户都是基于一定目标和兴趣而聚集在一起的，因此如果运营者推广的是具有一定专业性的视频内容，那么微信群和 QQ 群无疑是非常好的推广平台。

另外，相对于微信群需要推荐才能加群而言，QQ 群明显更易于添加和推广。目前，QQ 群有许多热门分类，运营者可以通过查找同类群的方式，加入进去，然后再通过短视频进行推广。QQ 群推广的方法主要包括 QQ 群相册、QQ 群公告、QQ 群论坛、QQ 群共享、QQ 群动态和 QQ 群话题等。

以利用 QQ 群话题来推广抖音短视频为例，运营者可以通过相应人群感兴趣的话题来引导 QQ 群用户的注意力。例如，在摄影群里，运营者可以先提出一个摄影人士普遍感觉比较有难度的摄影问题，引导大家评论，然后再适时分享一个能解决这一摄影问题的短视频。这样的话，有兴趣的用户一定不会错过你的短视频。

2. QQ 空间引流

QQ 空间是一个进行抖音引流的好地方，运营者需要先建立一个昵称与抖音账号相同的 QQ 号，这样有利于积攒人气，从而能够吸引更多用户前来关注抖音号和观看抖音号发布的短视频。下面为大家介绍七种常见的 QQ 空间推广引流法。

（1）QQ 空间视频推广：利用"小视频"功能在 QQ 空间发布抖音短视频，QQ 好友看到后可以点击查看。

（2）QQ 认证空间推广：订阅与产品相关的人气认证空间，更新动态时可以通过评论为抖音号引流。

（3）QQ 空间生日栏推广：通过"好友生日"栏提醒好友，引导用户查看你的动态信息，并在动态信息中对抖音号进行推广。

（4）QQ 空间日志推广：在日志中放入抖音号的相关资料，从而更好地吸引用户的关注。

（5）QQ 空间说说推广：将 QQ 签名同步更新至说说上，用一句有吸引力的话激起 QQ 用户的关注。

（6）QQ 空间相册推广：很多人加 QQ 都会查看对方的相册，所以在相册中呈现抖音号的相关信息也是一个很好的引流方法。

（7）QQ 空间分享推广：利用分享功能在 QQ 空间中分享抖音号的相关信息，用户点击标题即可查看短视频内容。

6.1.3 微博引流，流量聚集

在微博平台上，运营者可以借助微博的两大功能来进行抖音引流推广，即 @

功能和热门话题功能。

在借助微博进行引流推广的过程中，@ 功能非常重要。运营者可以在博文里 @ 知名人士、媒体或企业，如果他们回复了你的内容，你就能借助他们的粉丝扩大自身的影响力。若明星在博文下方评论，博文就会受到很多粉丝和微博用户关注，那么抖音短视频也就会被推广出去。

而微博"热门话题"则是一个制造热点信息的地方，也是聚集网民数量比较多的地方。运营者可以利用这些话题，发表自己的看法和感想，提高博文的阅读量，从而更好地推广自己的抖音号和短视频。

6.1.4 小红书，增加曝光

小红书是一个热门的社交型电商平台，运营者可以通过图文、视频和直播这三种形式来发布内容。如果运营者想在小红书上推广自己的抖音账号，就需要借助小红书的社交性质和视频功能。具体来说，运营者可以通过发布与抖音账号相关的视频来进行引流。

步骤 01 打开并登录小红书 App，点击底部的 + 按钮，如图 6-3 所示。

步骤 02 执行操作后，进入"最近项目"界面，如图 6-4 所示。

图 6-3 点击相应按钮

图 6-4 "最近项目"界面

步骤 03 进入"视频"界面，❶选择需要上传的视频；❷点击下方的"下一步"按钮，如图 6-5 所示。

步骤 04 进入视频编辑界面，在该界面中查看视频内容，确认无误后点击"下一步"按钮，如图 6-6 所示。

图 6-5　点击"下一步"按钮（1）　　　　**图 6-6　点击"下一步"按钮（2）**

步骤 05　进入发布界面，❶在该界面中输入笔记的标题，如抖音账号的名称；
❷点击"发布笔记"按钮，如图 6-7 所示。

步骤 06　执行操作后，即可发布视频笔记，如果界面中刚刚发布的视频笔记以
图片的方式显示出来，就说明视频发布成功了，效果如图 6-8 所示。

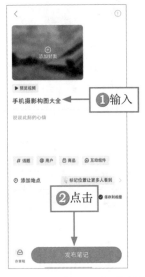

图 6-7　点击"发布笔记"按钮　　　　**图 6-8　视频发布成功**

6.2 资讯平台，挖掘粉丝

除了社交平台之外，一些资讯平台也是运营者挖掘潜在粉丝的重要渠道。本节以今日头条和百度这两个平台为例，进行引流操作。

6.2.1 今日头条，发布视频

今日头条是一款基于用户数据行为的推荐引擎产品，同时也是短视频内容发布和变现的好平台。运营者可以通过今日头条平台发布抖音短视频的方式达到引流的目的，下面介绍具体的操作方法。

步骤 01 打开并登录今日头条 App，在首页点击右上角的"发布"按钮，如图 6-9 所示。

步骤 02 执行操作后，进入"手机相册"界面，❶选择需要发布的视频（可以是直接宣传抖音号的视频）；❷点击"下一步"按钮，如图 6-10 所示。

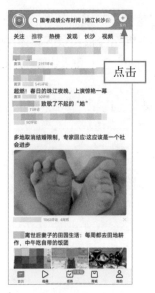

图 6-9　点击"发布"按钮（1）　　　图 6-10　点击"下一步"按钮

步骤 03 执行操作后，进入编辑信息界面，❶输入视频文案；❷点击"发布"按钮，如图 6-11 所示。

步骤 04 执行操作后，即可开始发布视频，在首页中会显示发布进度。由于今日头条 App 会对发布的内容进行审核，因此视频发布完成后，运营者可以在"我的"界面中查看视频审核进度，如图 6-12 所示。

图 6-11　点击"发布"按钮（2）

图 6-12　查看视频审核进度

　　除了发布抖音视频引流之外，拥有头条号的运营者还可以借助绑定今日头条实现粉丝的快速增长，并获得更多的流量。下面介绍抖音绑定今日头条的具体操作方法。

　　步骤01　打开并登录抖音 App，❶在"我"界面的右上角点击 按钮；❷在弹出的列表中选择"设置"选项，如图 6-13 所示。

　　步骤02　进入"设置"界面，选择"账号与安全"选项，如图 6-14 所示。

图 6-13　选择"设置"选项

图 6-14　选择"账号与安全"选项

　　步骤03　进入"账号与安全"界面，选择"第三方账号绑定"选项，如图 6-15 所示。

步骤 ④ 进入"第三方账号绑定"界面，点击"今日头条/西瓜视频"选项右侧的"未绑定"按钮，如图 6-16 所示。

图 6-15　选择"第三方账号绑定"选项

图 6-16　点击"未绑定"按钮

步骤 ⑤ 进入"登录后内容更精彩"界面，❶输入今日头条账号绑定的手机号；❷选中"已阅读并同意'用户协议'和'隐私政策'"复选框；❸点击"获取验证码"按钮，如图 6-17 所示。

步骤 ⑥ 执行操作后，进入"输入验证码"界面，❶输入收到的验证码；❷点击"下一步"按钮，如图 6-18 所示。

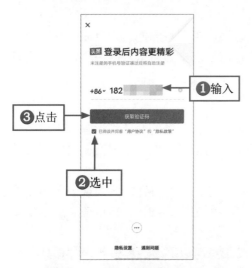

图 6-17　点击"获取验证码"按钮

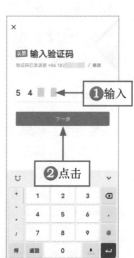

图 6-18　点击"下一步"按钮

步骤 07 执行操作后，进入授权登录界面，点击"授权并登录"按钮，如图 6-19 所示。

步骤 08 执行操作后，即可完成抖音账号和今日头条账号的绑定，在"第三方账号绑定"界面中弹出信息同步面板，申请将抖音账号的粉丝数量、头像和昵称等信息同步至今日头条 App 和西瓜视频 App 中，点击"同意"按钮，如图 6-20 所示。

步骤 09 执行操作后，相关的同步按钮将显示开启状态，如图 6-21 所示。

图 6-19 点击"授权并登录"按钮　　　**图 6-20 点击"同意"按钮**　　　**图 6-21 同步按钮显示开启**

6.2.2 百度引流，两方切入

作为中国网民经常使用的搜索引擎之一，百度毫无悬念地成为互联网 PC 端强劲的流量入口。具体来说，运营者实现百度推广引流主要可从百度百科和百度知道这两个平台切入。

1. 百度百科

百科词条是百度百科营销的主要载体，做好百科词条的编辑对运营者来说至关重要。百科平台的词条信息有多种分类，但对于运营者来说，在进行引流推广时需要用到的词条形式包括四种，具体如下。

（1）行业百科。运营者可以以行业领头人的姿态参与到行业词条信息的编辑中，并在词条中加入抖音号的相关信息，从而吸引想要详细了解行业信息的用户关注你的抖音号。

（2）企业百科。运营者所在企业的品牌形象可以通过百科进行表述，并在百科中展示抖音企业号。

（3）特色百科。特色百科涉及的领域十分广阔，如有一定知名度的运营者可以将自己的名字作为词条，并将自己运营抖音的相关信息展示出来。

（4）产品百科。产品百科是用户了解产品信息的重要渠道，能够起到宣传产品，甚至是促进产品使用和产生消费行为等作用。运营者可以通过展示抖音号的方式，为用户了解和购买产品提供渠道。

对于抖音号引流，特别是抖音企业号引流而言，相对比较合适的词条形式无疑便是企业百科。例如，运营者可以采用企业百科的形式，多次展示抖音企业号名称，从而提高该抖音企业号的曝光率。

2. 百度知道

百度知道在网络营销方面具有很好的信息传播和推广作用。运营者可以利用百度知道平台，通过问答的社交形式快速、精准地定位客户。百度知道在营销推广上具有两大优势：精准度高，可信度高。这两大优势能形成口碑效应，进而增强网络营销推广的效果。

通过百度知道来询问或作答的用户，通常对问题所涉及的内容有很大兴趣。比如，有的用户想要了解"有哪些饮料比较好喝"，部分饮料爱好者可能就会推荐自己喜欢的饮料，提问方通常也会接受推荐去购买对应的饮料。

百度知道是网络营销的重要方式，因为它的推广效果相对较好，能为企业带来直接的流量。基于百度知道而产生的问答营销，是一种新型的互联网互动营销方式，问答营销既能为运营者植入软性广告，同时也能通过问答来挖掘潜在用户。

例如，运营者可以通过"自问自答"（一个账号提问，另一个账号回答问题）的方式介绍抖音号的相关信息，让用户在看到问答之后对你的抖音号产生兴趣，从而让抖音号获得更多的流量。

6.3　视频平台，引流便利

同样是以视频为主的平台，许多视频平台与抖音之间有着一些共同点。这也为运营者从视频平台引流到抖音提供了一些便利。本节就来为大家介绍借助视频平台为抖音引流的方法。

6.3.1　快手引流，巨大流量

快手可以说是短视频领域的先行者，而且在抖音还没发展起来之前，它可以算是短视频领域的领头羊。即便是如今有了抖音的竞争，快手仍获得了大量忠实粉丝的支持。这样一个拥有巨大流量的平台，显然是运营者引流的一大阵地。

其实，要将快手引流到短视频账号中也很简单。运营者可以在快手中发布与抖音号相关的视频，从而吸引快手用户查看你的抖音号和短视频。具体来说，运营者可以通过以下步骤在快手上发布抖音引流短视频。

步骤01 打开并登录快手 App，点击界面底部的 ⊕ 按钮，如图 6-22 所示。

步骤02 进入"随手拍"界面，点击界面中的"相册"按钮，如图 6-23 所示。

图 6-22 点击相应按钮

图 6-23 点击"相册"按钮

步骤03 进入"最近项目"界面，❶选择需要上传的视频；❷点击"下一步"按钮，如图 6-24 所示。

步骤04 进入视频编辑界面，点击"下一步"按钮，如图 6-25 所示。

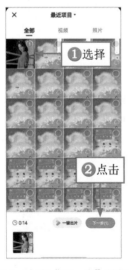

图 6-24 点击"下一步"按钮（1）

图 6-25 点击"下一步"按钮（2）

步骤 05 进入视频发布界面，❶输入视频的标题；❷点击"发布"按钮，如图 6-26 所示。

步骤 06 执行操作后，即可发布视频，并显示视频的上传进度，如图 6-27 所示。

图 6-26 点击"发布"按钮

图 6-27 显示视频上传进度

6.3.2 爱奇艺，用户众多

爱奇艺创立于 2010 年，它是一个以"悦享品质"为理念的视频网站。在短视频发展如火如荼之际，爱奇艺也推出了信息流短视频产品和短视频业务，加入了短视频发展领域。

一方面，在爱奇艺的众多频道中，有些频道就是以短视频为主的，如大家喜欢的资讯、热点和搞笑等频道。爱奇艺也开发了名为"爱奇艺随刻"的短视频平台，将优质短视频以及影视综内容一网打尽。当然，短视频在社交属性、娱乐属性和资讯属性等方面各有优势，而爱奇艺也选择了它的发展方向——娱乐性。无论是爱奇艺的搞笑、热点频道，还是爱奇艺随刻 App 中推荐的以好玩、有趣为主格调的短视频内容，都能充分地展现出来。

而对于运营者来说，正是因为爱奇艺在某些频道上的短视频业务更偏向专门的短视频 App 开发，才让他们找到了推广抖音短视频和账号的渠道。同时，爱奇艺有着巨大的用户群体和关注度，因而在该平台上对抖音号进行宣传和推广，通常可以获得不错的效果。

图 6-28 所示为某抖音运营者发布的一条宣传视频。可以看到，该视频的标题中展示了运营者的抖音号名称，并且为用户提供了一个关注抖音号的理由——抖音账号的更新速度更快，用户可以看到更多视频。这样一来，如果用户被这个理由打动，就会主动前往抖音去关注该账号，而这无疑可以为该账号带来一定的流量。

图 6-28　某抖音运营者发布的一条宣传视频

6.3.3　西瓜视频，流量扶持

随着对创作者扶持力度的加大，西瓜视频平台吸引了越来越多运营者的入驻，而许多用户也将西瓜视频作为观看视频内容的重要选择之一。那么，如何借助西瓜视频为抖音进行引流呢？

具体来说，运营者可以通过以下步骤发布宣传视频，让西瓜视频用户看到你的宣传内容，进而吸引他们进入抖音平台查看你的账号和视频。

步骤01　打开并登录西瓜视频 App，点击界面底部的"发视频"按钮，如图 6-29 所示。

步骤02　进入"我的相册"界面，❶选择要发布的视频；❷点击"去发布"按钮，如图 6-30 所示。

专家提醒

　　在"我的相册"界面中，运营者选择好视频后，也可以点击"去剪辑"按钮，进入视频剪辑界面，对视频进行编辑处理后，再进行发布。

图 6-29　点击"发视频"按钮

图 6-30　点击"去发布"按钮

步骤 03　进入"发布视频"界面，❶输入视频标题；❷点击"发布"按钮，如图 6-31 所示。

步骤 04　执行操作后，返回首页，并开始上传视频，如图 6-32 所示。

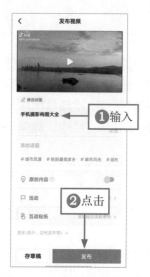

图 6-31　点击"发布"按钮

图 6-32　开始上传视频

步骤 05　上传完成后，在"我的"界面的"我的创作"选项区中点击"内容管理"按钮，如图 6-33 所示。

步骤 06 执行操作后，进入"内容管理"界面，即可查看成功发布的宣传视频，如图 6-34 所示。

图 6-33　点击"内容管理"按钮

图 6-34　查看发布的视频

6.3.4　视频号，重要平台

视频号是近年来微信重点扶持的板块之一，因为背靠微信，所以视频号拥有庞大的用户群。因此，对于运营者来说，视频号无疑也是一个重要的引流平台。

运营者只需在视频号上发布抖音账号推广营销信息，让视频号用户对你的抖音号产生兴趣，并主动前去关注，就可以达到为抖音号引流的目的。具体来说，运营者可以通过以下步骤在视频号中为抖音号引流。

步骤 01 打开并登录微信 App，进入"发现"界面，选择界面中的"视频号"选项，如图 6-35 所示。

步骤 02 进入微信视频号的"推荐"界面，点击界面右上角的 👤 按钮，如图 6-36 所示。

步骤 03 进入微信视频号的账号信息管理界面，点击"发表视频"按钮，如图 6-37 所示。

步骤 04 在弹出的面板中选择发布视频的方式，这里以"从相册选择"为例进行说明，如图 6-38 所示。

图 6-35　选择"视频号"选项

图 6-36　点击相应按钮

图 6-37　点击"发表视频"按钮

图 6-38　选择"从相册选择"选项

步骤 05　进入"图片和视频"界面，❶选择需要发布的抖音号宣传内容；❷点击"下一步"按钮，如图 6-39 所示。

步骤 06　进入视频内容预览界面，查看内容。确定内容无误后，点击"完成"按钮，如图 6-40 所示。

图 6-39　点击"下一步"按钮　　　　图 6-40　点击"完成"按钮

步骤 07　进入视频发布界面，❶输入视频标题；❷点击"发表"按钮，如图 6-41 所示。

步骤 08　操作完成后，如果视频内容出现在"关注"界面中，就说明抖音账号宣传视频发布成功了，如图 6-42 所示。

图 6-41　点击"发表"按钮　　　　图 6-42　视频发布成功

另外，运营者还可以自行对该视频点赞，将视频推荐给微信好友，从而增强视频的传播效果，让抖音号获得更多的流量。

6.3.5　哔哩哔哩，高活跃度

B 站（全称为哔哩哔哩或 bilibili）作为年轻人高度聚集的视频网站，拥有9 200 多万日均活跃用户，是运营者不可错过的流量聚集地。具体来说，运营者可以通过以下步骤在 B 站中为抖音号引流。

步骤 01　打开并登录 B 站 App，在"我的"界面中点击"发布"按钮，如图 6-43 所示。

步骤 02　执行操作后，进入相应界面，点击"上传视频"按钮，如图 6-44 所示。

图 6-43　点击"发布"按钮

图 6-44　点击"上传视频"按钮

专家提醒

　　运营者可以选择发布状态信息、上传手机相册中的视频、撰写专栏文章、现场拍摄视频和开直播这五种方法进行引流。

步骤 03　进入"最近项目"界面，❶选择要发布的宣传图片；❷点击"去编辑"按钮，如图 6-45 所示。

步骤 04　进入视频编辑界面，预览自动生成的视频效果，确认无误后，点击"下一步"按钮，如图 6-46 所示。

图6-45　点击"去编辑"按钮

图6-46　点击"下一步"按钮

步骤 05　进入"发布视频"界面，❶设置好视频的标题、分区、标签和稿件类型；❷点击"发布"按钮，如图6-47所示。

步骤 06　执行操作后，即可完成视频的投稿，如图6-48所示。

图6-47　点击"发布"按钮

图6-48　视频投稿成功

第 7 章

打造爆款，内容引流

学前提示：

短视频虽然火了起来，但是对于如何提升自身账号的关注度，大多数运营者可能都存在不少疑问。对于这一问题，不同的人有不同的看法和见解。

其实，解决问题的核心还是在于"用户为什么关注"这一动机上。因此，本章从用户心理需求方面进行深度分析，介绍提升用户点赞量、关注度的方法。

要点展示：

➢ 分析需求，满足需求

➢ 优质内容，爆款视频

7.1　分析需求，满足需求

不管是在现实生活的人际交往中，还是网上平台的社交中，只有满足了对方的心理需求，才可以获得满意的社交结果。以抖音平台为例，运营者只有知道了用户想要在短视频中看到什么内容，才可以制作出让用户喜欢的短视频，从而达到引流变现的目的。

本节就来讲解抖音短视频平台的用户需求是什么，发布制作什么短视频内容才是符合用户口味的。

7.1.1　满足用户，快乐需求

喜怒哀乐，是人们经常会有的情绪。其中，"乐"是明显能给自身和周围人带来愉悦感受的。在抖音平台上，有很多短视频营造出了这样的情绪氛围，如图 7-1 所示。

图 7-1　营造快乐情绪的抖音短视频案例

在短视频运营过程中，如果一个账号能持续带给用户快乐的感受，那么让他们持续关注该账号就是一件轻而易举的事了。但是，如何才能持续满足用户对快乐的需求呢？主要有两点，具体内容如图 7-2 所示。

在图 7-2 所示的两个方法中，保持角色塑造的一致性是非常重要的。运营者只有在短视频运营过程中不断塑造一致性较高的角色，随着时间的推移和内容的积累，用户才会自然而然地对接下来的短视频内容中的角色有固定联想，也会期待着接下来发生的剧情与以往有什么不同。并且在保持这种一致性的情况下，即使某一天出现了不一样的角色塑造，用户也会在一定程度上沿着原有的角色塑造进行联想。

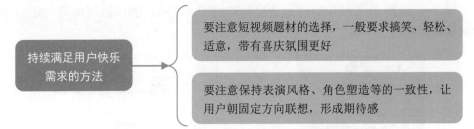

图 7-2 持续满足用户快乐需求的方法

比如，一个看着非常喜庆的喜剧演员，如果在一个视频中突然表现出了严肃、刻板的形象，那么经常观看的用户是会感到严肃、刻板呢，还是会在这种反常的基础上，联想到演员的原有形象而感到更加搞笑呢？其实，后面这种情况居多。

7.1.2 用户好奇，心理需求

对未知的世界，人们总是会有不断探索的心理追求——在孩童时期，会对一些好玩的、未见过的东西有着巨大的好奇心；稍微长大一些后，学生会对知识无比渴求；进入社会，人们会对未来充满憧憬。

在这种普遍的动机需求下，推送一些能引发和满足用户好奇心的短视频内容也是一种有效的运营方法。一般来说，能满足用户好奇心的短视频内容一般有三种，即稀奇的、新鲜的和长知识的。

图 7-3 所示为通过稀奇的内容满足用户好奇心的抖音短视频案例。用户看到这样的短视频，出于猎奇的心理，一般都会想着继续看下去。

图 7-3 通过稀奇的内容满足用户好奇心的抖音短视频案例

图 7-4 和图 7-5 所示分别为通过新鲜的和能长知识的内容满足用户好奇心的抖音短视频案例。

图 7-4　通过新鲜的内容满足用户
好奇心的案例

图 7-5　通过长知识的内容满足用户
好奇心的案例

上面三个短视频案例，或是能利用认知上的反差引发用户的好奇心，或是能利用新鲜内容为人们提供谈资，抑或是利用能长知识的内容让用户有所收获，这些都是能满足用户好奇心从而引发其关注的好方法。

7.1.3　满足学习，模仿需求

在日常生活中，人们见到好的技巧和行为，总是会不知不觉去模仿。例如，喜欢书法的人，偶然在某处看到好的书法碑帖、字帖等，会不自觉地想要去细细观摩；喜欢折纸艺术的人，在看到相关内容时，会按照提示一步步去操作，并期待能做出满意的效果。

而视频内容的出现，为用户提供了更真实、生动的学习模拟平台。图 7-6 所示为能满足用户学习模仿需求的抖音短视频案例，其介绍的只是对一些生活中的某项技能、特长的模仿，其实，人们能学习模仿的不仅限于此，如短视频中的某一行为，同样能成为学习模仿的对象或为实现某一目标而奋斗的对象，如图 7-7 所示。

这几个案例中能让人产生学习模仿需求的短视频内容，在吸引用户关注方面有着显著效果——无论是有亮点的技能、特长，还是值得学习的某项行为，都是具有巨大吸引力的存在。

图 7-6　能满足用户学习模仿需求的抖音短视频案例

图 7-7　学习模仿规范自身行为的抖音短视频案例

7.1.4　满足需求，解决问题

除了满足用户的快乐、好奇心和学习模仿需求外，短视频内容中如果能满足解决问题、自我实现的需求，也能吸引更多用户关注。下面就从满足解决问题的需求出发来进行介绍。

无论做什么事，人们总是在遇到问题和解决问题中度过的。当然，也正是因为这样的过程，使得人们能够进步。因此，运营者如果能为用户提供解决某一问题的方法和技巧，满足人们的解决问题需求，并能帮助人们更好地完成任务，那么获得更多的用户关注就会变得很轻松。

专家提醒

如果说满足用户的快乐、好奇心需求还只是停留在心理层面的话，那么满足学习模仿需求已经上升到了行为层面。只是相对于满足解决问题的需求而言，满足学习模仿需求从某一方面来说并不是生活中必需的，而后者恰好相反，完全是生活能力和水平提升所必需的。

图 7-8 所示为能满足用户解决问题需求的抖音短视频案例。

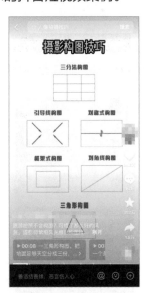

图 7-8　能满足用户解决问题需求的抖音短视频案例

这类短视频与其他内容的不同之处在于，它吸引用户关注的时间可能不是某个时间点，而是持续的一段时间。用户可能只是觉得有用而关注，但当遇到问题时，会再次或多次关注。因此，能解决问题的短视频内容具有更长的生命周期，更容易让用户想起，具有必然性。而满足快乐、好奇心等需求的短视频内容则具有偶然性，且大多不可重现。

7.1.5　用户需求，自我实现

从心理层面到行为层面，再到更高层次的精神层面，存在一个跨越性的发展过程。运营者在进行短视频运营的过程中，应该要思考的是"用户为什么关注你"这一核心问题。当然，也可以遵照这一顺序来推出短视频内容，从不同层次、不同角度引导用户关注。

前面已经对两种心理层面和两种行为层面的需求进行了介绍，接下来将为大家分享在精神层面上通过自我实现来满足用户需求的短视频内容。

说到"在精神层面上通过自我实现来满足用户需求"，大家可能还会有点困惑，但说起"心灵鸡汤"大家就会耳熟能详了。相对于其他短视频内容来说，"心灵鸡汤"类的可能比较少，然而也不是不存在的。图 7-9 所示为"心灵鸡汤"类的抖音短视频案例。

图 7-9 "心灵鸡汤"类的抖音短视频案例

"心灵鸡汤"类的短视频之所以能引起用户的关注，最基本的原因在于其中所包含的正能量和积极的思想。生活中是不会没有挫折的，而在遇到挫折时是不能缺少积极思想的引导的。运营者基于这一情况推出短视频内容，可以为那些有着人生焦虑和挫败感的用户提供指引，让他们拥有更加积极的人生态度。

同时，"心灵鸡汤"类的短视频内容很多都来自名人名言，蕴含着丰富哲理，可以利用其权威效应，提升用户的信心，降低被限制的思想，让人生重新焕发生机和活力。

7.1.6 情绪需求，奋发向上

人们总是会受到各种情感的触动，特别是那些能激励人们奋发向上的正能量，更是感动用户的重要因素之一。

例如，勇于救人、善于助人的英雄事迹，对于有着强烈正义感的用户来说，这就是一个宣传正能量再好不过的案例；历尽辛苦的成功创业之路，对于处于低潮期和彷徨期的年轻人来说，更是激人奋起的指明灯……

如此种种，都可作为爆款短视频内容，点燃用户心中的信念之火，从而坚定、从容地走好后面的人生路。

图 7-10 所示为两个关于国家发展和成就的抖音短视频案例。作为一个生活在祖国阳光下的社会人，看到这样的视频，是不是会感觉到特别骄傲和自豪呢？心中油然而生的激动情绪是这类爆款短视频推广效果的缩影。

图 7-10　两个关于国家发展和成就的抖音短视频案例

在这两个案例中，拍摄者在视频的后期配上振奋人心的音乐，触动人的心弦，不由得让人内心澎湃。图中的视频在爆款内容的基础上，又加上"祖国"的热度和知名度，它们都获得了高达几十万的点赞。

对用户来说，短视频平台更多的是作为一个打发无聊、闲暇时光的所在，吸引了众多人关注。而运营者可以迎合平台上人数众多的用户群体，多发布一些能激励人心、感动人的短视频内容，从而让无聊变"有聊"，让闲暇时光也变得充实起来。这些特点符合短视频平台对于内容的要求，同时也是短视频的正确发展方向。

7.1.7　归属需求，爱与信任

在日常生活中，人们总是会被能让人产生归属感、安全感以及产生爱与信任的事物所感动。

例如，一道能让人想起爸妈的家常菜，一份萦绕在两人中间的温馨的爱，一个习以为常却体现细心与贴心的举动等，这些都是能让人心生温暖的正面情绪。当然，它们也是最能触动人类心中柔软之处的感情，且是一份能持久影响人内心的感情。

而短视频作为一种常见的、日益发展起来的内容形式，反映了人们的生活和精神状态。其中，上面描述的一些感动人的感情和场景都是短视频中比较常见的内容，也是打造爆款内容不可缺少的元素。

图 7-11 所示的两个案例都是阐述"爱"这一主题的，能够让人心生温暖，为了"爱"这一永恒的主题动容。

图 7-11　能让人心生温暖和产生爱的短视频案例

7.1.8　颜值需求，爱美之心

关于颜值的话题，从古至今，有众多与之相关的成语，如沉鱼落雁、闭月羞花、倾国倾城等，都是用来形容漂亮的。可见，颜值高还是有着一定影响力的，有时甚至会起决定性作用。

这一现象同样适用于爆款短视频打造。当然，这里的颜值并不仅仅是指人，它还包括好看的事物、美景等。

从人的方面来说，除了先天条件外，想要提升颜值，有必要在自己所展现出来的形象和妆容上下功夫：让自己看起来显得更有精神，而不是一副无精打采的样子，或是先化一个精致的妆容后再进行拍摄，这些都是轻松提升颜值的便捷方法。

从事物、美景等方面来说，是完全可以通过其本身的美再加上高深的摄影技术来实现的，如精妙的画面布局、构图和特效等，就可以打造一个高推荐量、高播放量的短视频。图 7-12 所示为高颜值的美食、美景短视频内容。

图 7-12　高颜值的美食、美景短视频内容展示

7.2　优质内容，爆款视频

短视频内容除了需要满足用户的心理需求之外，优质的内容也是非常重要的，运营者在满足用户心理的同时，还可以利用抖音平台"分享"这一特质，多分享一些有质量的"干货"内容。所谓"干货"，就是指一些对于用户比较实用的内容，如某一方面的专业知识等。

除了制作"干货"内容之外，本节还会以抖音平台为例，从诸多方面，如平台热门、个性人设、画面冲击等来讲解抖音平台是如何打造爆款视频的。

7.2.1　视频内容，知识干货

区别于上面介绍的八种纯粹为了欣赏和观看的爆款内容，此处要介绍的包含干货内容的爆款短视频，是一种可以为用户提供有用、有价值的知识和技巧的短视频。

随着短视频行业的快速发展和行业的调整，其他类型的短视频在受用户欢迎的程度上可能会发生大的变化，但是对用户来说，具有必要性的干货类短视频内容是不会随之湮灭的，还有可能越来越受重视，且极有可能随着日益积累的内容输出，慢慢地把自身账号打造成大的短视频 IP。

一般来说，欣赏类和干货类的短视频都可以进行推广和传播，但有些适用于干货类短视频的推广和传播途径并不适用于欣赏类短视频。

例如，专门用于解决问题的问答平台，一般就只适用于发表和上传有价值的干货类短视频，欣赏类短视频没有太多发展的余地。

一般来说，干货类短视频包括两种，换句话说，也就是干货类短视频的内容具有两种特征，即知识性和实用性。

所谓"知识性"，就是短视频内容主要是介绍一些有价值的知识。例如，生活小常识、安全小常识、拍照小技巧、变美小技巧等常识类的；还有就是某一行业方面的专业知识，如汽车、化妆品、服装、摄影等，这对于想要详细了解某一行业的用户来说是非常有用的。图 7-13 所示为彭曙光老师讲解做短视频的核心知识。

图 7-13 彭曙光老师讲解如何做短视频的案例

所谓"实用性"，重点在"用"，也就是说，用户看了短视频内容后可以把它们用在实际的生活和工作中。一般来说，实用性的短视频内容主要是介绍一些技巧类的实用功能的。

专家提醒

一些介绍历史、文学常识的短视频，对人们来说既是有价值的干货内容，同时又具有一定的欣赏性。

7.2.2 关注联系，热门内容

短视频要想吸引庞大的流量，就应该有效地借助热点来打造话题，紧跟潮流，这样做的好处有两点，具体分析如图 7-14 所示。

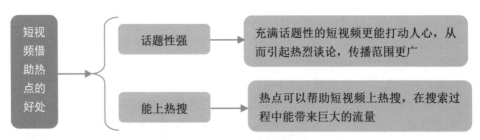

图 7-14　短视频借助热点的好处

而且热点还包括不同的类型，涵盖了社会生活的方方面面，如社会上发生的具有影响力的事件，或者是富有意义的节日、比赛等，还有一些娱乐新闻或者电影电视剧的发布也是热点的一部分。

浦发银行曾推出一系列品牌大电影《我们的故事从没钱开始》，以节日为出发点，分别推出了七夕、"双 11"、新年三支音乐 MV，现在又以清明节为背景，通过视频讲述了一段感人的故事，这是借助热点推广品牌和产品的典型案例。它紧扣清明节这一热点，推出了跟清明节相关的短视频广告。图 7-15 所示为《我们的故事从没钱开始——清明篇》的画面截图。

图 7-15　《我们的故事从没钱开始——清明篇》的画面截图

7.2.3　视频内容，贴近生活

运营者和用户都处在同一个社会环境下，一般都会对生活有着莫名的亲近感和深刻的感悟。因此，在制作短视频内容时，首先要注意贴近生活，这样才能接地气，引起用户的共鸣，从而点赞及关注。

具体来说，贴近人们的真实生活，有利于帮助人们解决平时遇到的一些问题，或者可以让人们了解生活中的一些常识，这一类短视频内容在平台上很常见。用户看到这一类短视频，都会基于生活的需要而忍不住点击播放。

图 7-16 所示为一个贴近生活的短视频案例。该短视频内容就是如何在一年内改善自己的字体，这对于一个字写得不好的人来说，会觉得这个视频很有价值，从而可能收藏进行下一步的学习。

图 7-16　贴近生活的短视频案例

7.2.4　品牌建立，个性人设

所谓"人设"，就是人物设定的简称，它是用来描述一个人物的基本状况的，一般分为角色设计和人物造型等。从具体的内容来说，人设主要包括人物的性格、外貌特征和生活背景等。

一般来说，人设是一篇故事得以继续下去和合理展现的重要因素，如果人设不合理，那么所展现出来的内容必然也是违反常规和逻辑的。另外，人设如果设置得好，那么在吸引读者注意方面就会起到至关重要的作用。

因此，在进行短视频运营时，有必要通过建立品牌人设来进行推广引流。其原因就在于如果能打造别具特色的、专属的品牌人设，形成固定风格，那么在引导用户群体关注和提升忠诚度方面就是非常有效的。

图 7-17 所示为江小白塑造品牌人设的动漫视频案例。可以看到，在图中展示的视频截图画面中，"江小白"这一角色是一个文艺的年轻人形象，这就是该品牌塑造的清晰且年轻化的人设。

在"江小白"这一品牌的视频内容中，作者通过江小白这个动漫的形象角色，拉近了与江小白品牌的目标用户之间的距离，受到更多年轻人的喜爱，最终达到了扩大传播范围和提升用户黏性的目的。

图 7-17 江小白塑造品牌人设的动漫视频案例

那么，在品牌推广引流中，应该如何通过人设来提升效果呢？具体来说，其运营逻辑包括三大流程，如图 7-18 所示。

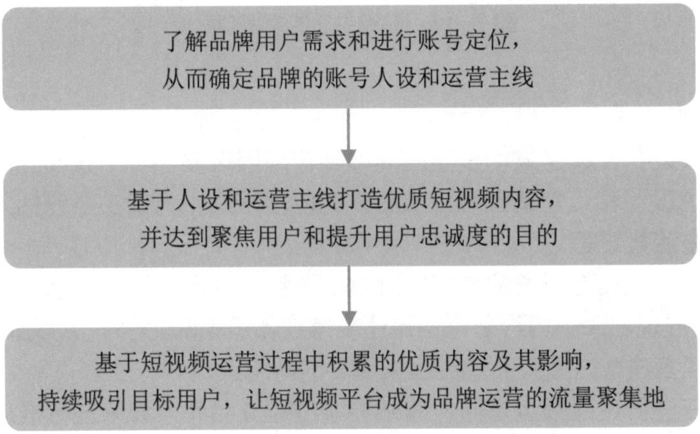

了解品牌用户需求和进行账号定位，
从而确定品牌的账号人设和运营主线

基于人设和运营主线打造优质短视频内容，
并达到聚焦用户和提升用户忠诚度的目的

基于短视频运营过程中积累的优质内容及其影响，
持续吸引目标用户，让短视频平台成为品牌运营的流量聚集地

图 7-18 通过人设来提升推广引流效果的流程

7.2.5 打造优质视频故事

在打造优质的短视频时，要尽量向用户传达重点信息，这里的重点不是运营者认为的重点，而是用户的需求重点。那么，究竟哪些对于用户而言是迫切需要了解的信息呢？具体内容如图 7-19 所示。

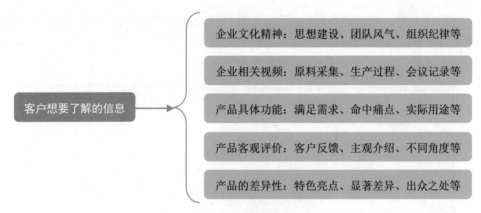

图 7-19　用户想要了解的信息

在短视频中传递这些信息内容时，为了避免用户产生抵抗和厌烦心理，可以采取讲故事的形式来进行展示。用户对营销类内容很难一下子全部接受，如果运营者在打造短视频时能够充分掌握用户爱听故事的心理，就能更轻松地传递出特色信息。

不同于单调死板的介绍，讲故事的方式能够很好地吸引用户的注意力，让他们产生情感共鸣，从而更加愿意接收短视频中的信息。而且故事与企业、产品、用户都密切相关，也就更容易打造成故事的形式。

因此，运营者想要打造出受人欢迎和追捧的短视频，就应该从各个角度考虑、分析如何更好地用讲故事的方式来表达，如图 7-20 所示。

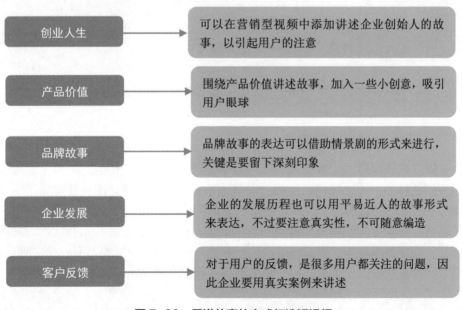

图 7-20　用讲故事的方式打造短视频

以万科为例，它在进行短视频推广时就是通过讲故事的方式来表达的，其中不仅带入了品牌成长的故事，也融入了产品的理念，两者合二为一，浑然一体，如图 7-21 所示。

图 7-21　万科用讲故事的方式推广品牌

专家提醒

　　每个人都有故事，而人们也喜欢倾听别人的故事，从小时候看童话和寓言故事到长大了看电视剧、电影，人们一直都在聆听、观看别人的故事。因为人总是不满足于自身的故事，从而渴望从别人的故事中看到不一样的东西。因此，讲故事的方式更容易戳中用户的软肋，如果使用得当会有意想不到的成效。

7.2.6　打造视频，趣味内容

在推广短视频时，如果在短视频内容中适当地添加一些有趣的内容，也可以吸引用户的注意力。因为只保证视频的质量还不够，重要的是让用户在观看了短视频后能主动分享给身边的人，这样才会达到更好的传播效果。

那么，在向短视频中添加有趣内容的时候，应该怎么做呢？无非就是添加趣味的情节、使用充满趣味的解说词以及创新表达方式，总之就是离不开一个"趣"字，因为人们都喜欢接受充满快乐和心意的事物，因此有趣的短视频总是招人喜爱的。

图 7-22 所示为添加趣味的短视频案例。第一个短视频是主人用宠物翻跳热门舞蹈，宠物的表情非常有趣，因此引发许多用户模仿，此条视频的热度居高不下，

甚至一度冲上热榜。

图 7-22　添加有趣内容的短视频案例

专家提醒

　　值得注意的是，让用户觉得有趣不是一件容易的事情，因为不是每个人的兴趣点都是完全一致的。因此，在向短视频中添加有趣内容的时候要仔细琢磨，最好从各个方面综合考虑，有针对性地进行添加。

7.2.7　内容感受，视觉冲击

　　短视频的优势很多，但其给人最为显著和直观的感受就是富有震撼力和冲击力。那么，要从哪些方面去做才能让短视频更富张力呢？方法总结如图 7-23 所示。

　　而且短视频的这一优势还可以从宣传整体、展示细节、直观全局以及细观局部四个方面体现出来，企业在打造与产品相关的短视频内容时，要谨记从这四个方面去思考、完善。

　　以抖音短视频平台为例，在其推荐界面经常可以刷到让人眼前一亮的短视频内容，不管是大胆的创意、干净的色彩风格，还是简洁直观的画面，都给抖音平台用户带来了极大的视觉冲击力和震撼力，并留下了深刻印象，如图 7-24 所示。

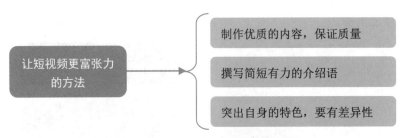

图 7-23 让短视频更富张力的方法

图 7-24 画面简洁、色彩明亮的短视频示例

专家提醒

　　富有震撼力和冲击力的短视频不仅可以提升产品的销量，而且还能够帮助企业打响品牌，树立口碑，是不可多得的优势之一。企业要学会好好利用短视频进行推广，寻找一些符合定位的运营者进行推广与引流，从而提升营销效果。

7.2.8　学习同行，模仿拍摄

　　当运营者做好了抖音的账号定位和内容定位后，就要思考自己的创作方向。如果运营者此时仍然没有任何拍摄的头绪或方向，那么便可以向平台上做得好的同行学习经验，多看他们发布的内容，同时多分析他们的作品数据，找到他们成功的原因。

如果运营者仍然没有任何的创作方向，也可以直接模仿爆款的同行内容去拍摄。同时，还可以去抖音热榜查看目前的热点话题和爆款内容来寻找灵感，这些爆款内容通常都是大众关注的热点事件，这样等于让你的作品在无形之中产生了流量。

运营者可以从爆款视频的形式、文案、配音、分镜等方面进行模仿跟拍，相关技巧如图 7-25 所示。

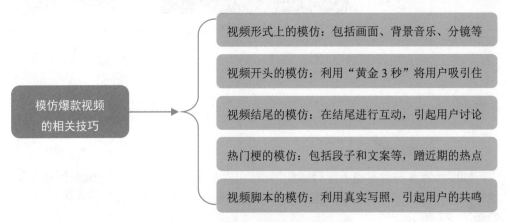

图 7-25　模仿爆款视频的相关技巧

运营者可以在抖音平台上多看一些同领域的爆款短视频，研究它们的拍摄内容，然后进行跟拍。另外，运营者在模仿爆款短视频时，还可以加入自己的创意，对剧情、台词、场景和道具等进行创新，带来新的"槽点"。很多时候，模仿拍摄的短视频甚至比原视频更加火爆，这种情况屡见不鲜。

7.2.9　热梗演绎，制造热度

"梗"是一个网络用语，常用于表达一个有趣、引人发笑或具有共鸣的笑点段子或情节。抖音平台的内容灵感来源，除了靠自身的创意想法外，运营者也可以多收集一些热梗，这些热梗通常自带流量和话题属性，能够吸引大量用户的点赞。

运营者可以将内容的点赞量、评论量、转发量作为筛选依据，找到并收藏各大短视频平台上的热门视频，然后进行模仿、跟拍和创新，打造属于自己的优质内容。

例如，"入冬八件套"这个热梗就曾被大量用户翻拍，在抖音平台上屡见不鲜，很多运营者将自己的产品与这个热"梗"结合在一起制作成视频，如图 7-26 所示。

图 7-26　翻拍"入冬八件套"热梗的带货视频

专家提醒

　　"入冬八件套"是由"入冬四件套"（奶茶、烤红薯、糖炒栗子、糖葫芦）发展而来的，包括糖炒栗子、烤红薯、奶茶、柚子、火锅、糖葫芦、鲜花和温暖的抱抱，主要是用来体现入冬的仪式感。

　　如果运营者不清楚当下流行哪些热梗，可以查看抖音账号"一条小梗梗"的主页，找寻一些当下的热梗进行相关创作。"一条小梗梗"账号主页及其短视频内容界面如图 7-27 所示。

图 7-27　"一条小梗梗"账号主页及其短视频内容

同时，运营者也可以在自己的日常生活中寻找这种搞笑的热梗内容，然后采用夸大化的创新方式将这些日常细节演绎出来。

另外，在策划热梗内容时，运营者还需要注意以下事项。

- 内容创作门槛很低，发挥空间大。
- 剧情内容有创意，能够牢牢紧扣用户的生活。
- 在内容中无痕植入产品，作为道具展现出来。

【盈利篇】

第 8 章

有偿广告，推广盈利

学前提示：

除了优质的内容外，短视频还需要宣传和推广。因为不管你的内容有多优质，都需要借助广告投放和与人合作等一些推广手段，来获取更多用户的关注。

本章主要以利用短视频带货和各个平台的短视频广告投放为例，来讲述如何进行推广引流，帮助企业和用户更好地进行短视频运营推广。

要点展示：

➢ 常规植入，宣传推广

➢ 广告拍摄，巧妙植入

➢ 有偿服务，广告盈利

8.1 常规植入，宣传推广

不管是之前的传统媒体还是现在的新媒体，最常见的宣传推广手段基本都是广告。比如，以前经常看到的报纸广告、杂志广告、电视广告，或者是现在的互联网平台广告、短视频自媒体广告，都是一些品牌商和广告主利用平台来进行商品推广的地方。

那么，本节就来讲解比较常用的广告植入类型以及它们的优势和劣势。

8.1.1 贴片广告，优势明显

贴片广告是通过展示品牌本身来吸引大众注意的一种比较直观的广告变现方式，一般出现在片头或者片尾，紧贴着视频内容。图 8-1 所示为海尔企业的贴片广告案例，品牌的 Logo 一目了然。

图 8-1 海尔企业的贴片广告案例

这种贴片广告一般都是放在广告的末尾位置，也就是广告快要结束时会停留几秒的画面，这种视频广告也是用得最多的一种，能够让观看者对品牌产生深刻的印象，大的 Logo 也容易留在观众的脑海里。

贴片广告的优势很多，这也是它比其他的广告形式更容易受到广告主青睐的原因，其具体优势如图 8-2 所示。

8.1.2 植入广告，创意优势

在短视频中植入广告，即把短视频内容与广告结合起来，一般有两种形式：一种是硬性植入，即不加任何修饰，将广告硬生生地植入视频中；另一种是创意植入，即将短视频的内容、情节很好地与广告的理念融合在一起，不露痕迹，让用户不容易察觉。相比较而言，很多人认为第二种创意植入的方式效果更好，而且接受程度更高。

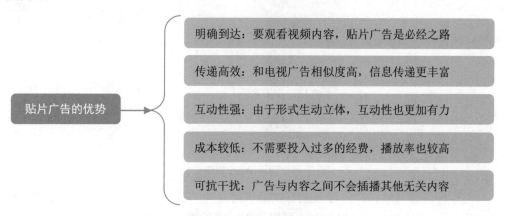

明确到达：要观看视频内容，贴片广告是必经之路

传递高效：和电视广告相似度高，信息传递更丰富

贴片广告的优势

互动性强：由于形式生动立体，互动性也更加有力

成本较低：不需要投入过多的经费，播放率也较高

可抗干扰：广告与内容之间不会插播其他无关内容

图 8-2　贴片广告的优势

图 8-3 所示为美拍 App 发布的创意广告。美拍 App 的口号是"在美拍 每天都有新收获"，这条美拍的宣传广告是围绕"在美拍 每天都有新收获"展开的。比如，可以在美拍学做菜，或者可以在美拍遇到自己的另一半等，其实这个广告中宣传的内容都是跟它的口号有关的。

图 8-3　美拍 App 发布的创意广告

再如，图 8-4 所示为快手短视频平台的宣传广告，它的口号是"记录世界 记录你"，主要宣传的就是快手 App 随时随地、想拍就拍的分享功能，而这个宣传广告的视频内容也是围绕这个平台口号来做的。

图8-4　快手App宣传广告

在短视频领域中，广告植入的方式除了可以从"硬"广和"软"广的角度划分，还可以分为台词植入、剧情植入、场景植入、道具植入、奖品植入以及音效植入等方式，具体介绍如图8-5所示。

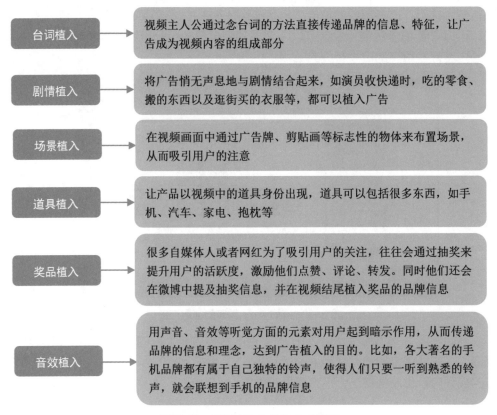

台词植入	视频主人公通过念台词的方法直接传递品牌的信息、特征，让广告成为视频内容的组成部分
剧情植入	将广告悄无声息地与剧情结合起来，如演员收快递时，吃的零食、搬的东西以及逛街买的衣服等，都可以植入广告
场景植入	在视频画面中通过广告牌、剪贴画等标志性的物体来布置场景，从而吸引用户的注意
道具植入	让产品以视频中的道具身份出现，道具可以包括很多东西，如手机、汽车、家电、抱枕等
奖品植入	很多自媒体人或者网红为了吸引用户的关注，往往会通过抽奖来提升用户的活跃度，激励他们点赞、评论、转发。同时他们还会在微博中提及抽奖信息，并在视频结尾植入奖品的品牌信息
音效植入	用声音、音效等听觉方面的元素对用户起到暗示作用，从而传递品牌的信息和理念，达到广告植入的目的。比如，各大著名的手机品牌都有属于自己独特的铃声，使得人们只要一听到熟悉的铃声，就会联想到手机的品牌信息

图8-5　视频植入广告的方式举例

8.1.3 品牌广告，量身定做

品牌广告的意思就是以品牌为中心，为品牌和企业量身定做的专属广告。这种广告形式从品牌自身出发，完全是为了表达企业的品牌文化、理念而服务，致力于打造更为自然、生动的广告内容。这样的广告变现更为高效，因此其制作费用相对而言也比较昂贵。

图 8-6 所示为某女装店铺在抖音平台发布的短视频广告示例，这种类型是直接将抖音账号设置为淘宝店铺的名字，以此来为自家店铺引流。像用这种方法宣传品牌广告的还有很多，大多都是因为其平台账号和淘宝账号是一体的。

图 8-6 某女装店铺打造的品牌广告

在这种情况下，想要让用户购买和实现短视频营销变现也就更容易了。由此可见，品牌广告的变现能力是相当强大的。与其他形式的广告方式相比，其针对性更强，受众的指向性也更加明确。

8.1.4 冠名商广告，双方盈利

冠名商广告，顾名思义，就是在节目内容中提到商家名称的广告，这种打广告的方式比较直接，相对而言比较生硬，主要的表现形式有三种，如图 8-7 所示。

在短视频中，冠名商广告同样也比较活跃，一方面企业可以通过资深的自媒体人（网红）发布的短视频打响品牌，树立形象，吸引更多忠实用户；另一方面短视频平台和自媒体人（网红）也可以从广告商方面得到赞助，成功实现双赢。

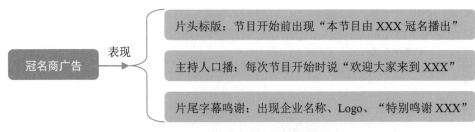

图 8-7　冠名商广告的主要表现形式

图 8-8 所示为一个比较火的综艺节目，它的冠名商是"植选豆乳"，因此在播放前会直接在画面中插播广告，从而表明节目冠名商。

图 8-8　冠名商广告示例

专家提醒

　　需要注意的是，冠名商广告在短视频领域的应用还不是很广泛，原因有两点：一是投入资金比较大，因此在选择投放平台和节目的时候会比较慎重；二是很多有人气、有影响力的短视频自媒体人不愿意将冠名商广告放在片头，而是放在片尾，这样做是为了不影响自己视频的原创性。

8.1.5　浮窗广告，有利有弊

　　浮窗 Logo 也是广告变现形式的一种，即视频在播放的过程中悬浮在视频画面角落里的标识。这种形式在电视节目中经常可以见到，以某综艺节目为例，其节目画面的右上角是 vivo 手机的浮窗 Logo，如图 8-9 所示。但这种方式在短视频领域应用得比较少，这可能是因为广告性质过于强烈，受到相关政策的限制。

图 8-9　某综艺节目的浮窗 Logo（1）

以另一档综艺节目为例，由于 vivo 给这个综艺节目赞助了，因此视频节目的右下角也设置了浮窗 Logo，如图 8-10 所示。Logo 和节目名字完美地融合在了一起，因此不会影响整体视觉效果。

图 8-10　某综艺节目的浮窗 Logo（2）

浮窗 Logo 是一种巧妙的广告变现形式，同样它也存在自身的优缺点，那么具体来说，它的优点和缺点分别是什么呢？总结内容如图 8-11 所示。

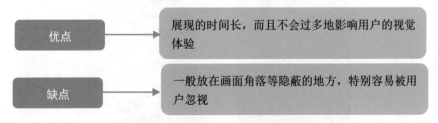

| 优点 | 展现的时间长，而且不会过多地影响用户的视觉体验 |
| 缺点 | 一般放在画面角落等隐蔽的地方，特别容易被用户忽视 |

图 8-11　浮窗 Logo 的优点和缺点

专家提醒

由此可见，浮窗 Logo 的优点也是它的缺点，具有两面性，但总的来说，它还是一种有效的变现方式。自媒体人或者网红如果想要通过广告变现获得收益，不妨试一下这种利弊兼具的模式。

8.2　广告拍摄，巧妙植入

抖音平台之所以能够如此火爆，是由于其拥有强大的社交传播能力和广告带货能力。而抖音平台这两个能力的大小，又是由自身的平台基因和用户的状态决定的，如果用户在抖音上心理是非常放松的状态，则非常容易被动地接受广告的信息植入，如果植入得很有创意或者技巧，还会吸引用户一探究竟。

因此，运营者想拍出一个具有广告带货能力的短视频，还需要掌握一些拍摄技巧，将广告巧妙地植入进去，让用户愿意看完视频。

8.2.1　创意产品，神奇功能

如果你的产品本身就很有趣味和创意，或者自带话题性，则不需要绕弯子，可以直接用抖音来展示产品的特点和功能。

很多新品上市的时候都有自己的卖点，主要是为了表达某一个产品的特色。抖音上有很多运营者，他们有自己独特的风格，能把产品的卖点充分展现出来。

例如，图 8-12 所示为抖音平台一个叫"神奇的电磁炉"的账号发布的视频内容，这个账号中发布的视频有很多，但是所有发布的短视频都只有一个内容，那就是"神奇的电磁炉"，这个电磁炉到底神奇在哪里呢？

图 8-12　"神奇的电磁炉"在短视频中展现产品的神奇功能

这个用户在短视频中展示了电磁炉的神奇功能，那就是可以用电磁炉唱歌，而且可以唱出电音的感觉。图 8-12 是"神奇的电磁炉"发布的短视频作品中的两个视频截图画面，从短视频的点赞数就可以看出，这个"神奇的电磁炉"受用户的喜爱程度有多高。

总的来说，如果运营者的产品已经做得很有创意并且功能新颖，可以随时进行展示，那么就可以在抖音上直接展示做营销推广。例如，醒图 App 在抖音上直接展示了 App 的重要功能以及一些用法，用户使用碰到问题时可以直接在抖音上搜索到教程。

这种营销方法非常适合一些电商商家，尤其是一些用法比较独特的商品，如给厌食的宝宝做好玩饭团的工具、手机壳和自拍杆融为一体的"聚会神器"、会跳舞的太阳花等，都可以由一个视频引发出电商爆款，让产品成为热销品。

8.2.2　放大优势，便于记忆

那么，对于一些功能没有太多亮点的产品怎么办呢？可以就产品的某个或某几个独有的特征，尝试用夸张的方式呈现，从而便于用户记忆。

其实，原理与上一节介绍的方法的本质基本相同，都是展示产品本身，不同之处在于，"展示神奇功能"只是简单地展示该功能本身的神奇之处，而"放大优势"则是在已有功能上进行创意表现。

例如，市面上新出了一个智能戒指，为了宣传这个智能戒指的优势，利用抖音发布了一个很神奇的视频。比如，可以利用这个智能戒指秒变投影仪、触摸屏，照片、视频都可以放在桌子上面观看，还支持多人多指同时进行操作，可以随地玩游戏，在墙上或者任何地方，只要可以投影到的地方就可以玩，还可以通过这个智能戒指的插件控制其他设备，如在课堂教学时转动屏幕上的物件，如图 8-13 所示。

图 8-13　用夸张的手法展现产品的特色

整个宣传短视频都是以一种"夸张"的手法在呈现产品的主要功能，其目的就是让观看视频的用户想要去了解这个智能戒指，并且让用户对产品产生强烈的兴趣。

8.2.3 抖音话题，产品特点

运营者在策划短视频广告的内容时，可以围绕产品本身的功能和特点，结合创意段子，对常见的产品功能进行重新演绎，打造形式新颖的短视频内容。例如，雅诗兰黛在抖音上发布了话题挑战"# 美愿绽新生"，衍生出很多拍摄花样的同时，还给予了用户一定的流量奖励，从而吸引大量用户去创新跟拍，将平凡的生活玩出新意。用户也自发去"种草"雅诗兰黛的产品，并为其做了宣传，如图 8-14 所示。

图 8-14 雅诗兰黛发布的话题挑战及短视频案例

专家提醒

垂直类账号在进行广告变现时更加容易，账号的垂直细分程度越高，粉丝价值和广告价格也就越高。如美妆、测评类账号，只需要有一定的粉丝基础，即可开始接广告变现。

不过，这些粉丝必须是纯抖音平台的站内粉丝，不包括头条号、火山小视频等其他头条系产品自带的粉丝。

8.2.4 分享干货，使用技巧

知识干货类内容在抖音上非常受欢迎，因为这类短视频讲解清晰，用户用很短的时间即可掌握，所以大家都乐于点赞和分享。例如，某品牌官方旗舰店就经常在抖音官方账号上发布一些干货类短视频，同时植入产品的各种使用方法，如什么样的刷牙习惯更好或者如何正确刷牙之类的视频，如图 8-15 所示。

图 8-15　某电动牙刷的干货小视频

通过干货性质的短视频内容，用户能够学到一些实用的生活常识和操作技巧，从而帮助他们解决平时遇到的一些疑问和难题。因此，运营者在短视频内容运营方面表现出了一定的专业性，其内容也具有接地气的特点，可以带来实实在在的经验积累。

8.2.5　场景植入，露出品牌

所谓的场景植入也很容易理解，这就类似于我们看电视剧或者电影的时候，人物角色的背景中出现的广告和产品。所以，场景植入可以理解为在拍摄一个抖音视频时，在人物的旁边会出现一个要宣传的产品或者产品 Logo 等，这样也可以起到一定的宣传效果。

场景植入有点像传统广告的植入，就是在视频的场景中恰当地露出品牌，让用户记住该产品。比如，一个生活小窍门或某个搞笑片段，在场景中悄悄做了植入，如桌角放产品，背后有品牌 Logo 或者背景有广告声音等，这样依然能起到很好的宣传效果。

8.3 有偿服务，广告盈利

广告是一种宣传方式，通过各种媒体向公众传递信息，以推广产品、服务或品牌形象。除了在各大互联网娱乐平台插播广告外，人们常见的生活区域也遍布着各种商业广告，如地铁里面、城市的商圈、乘车的候车室和社区电梯内等一些人们经常可以接触和看到的地方都重复播放着视频广告。

本节就以上述所说的这几个常接触的生活区域为例，来讲解品牌商和广告主利用这种线下短视频进行推广的优缺点。

8.3.1 地铁广告，精准推广

在城市交通工具中，地铁无疑是比较受大家欢迎的——乘地铁成为节约时间和避免堵车的最佳交通方式之一。而在乘坐地铁的人群中，以上班族和商务人员居多，基于此，很多广告主都选择了地铁进行短视频推广。对于广告主来说，利用地铁广告位进行短视频推广主要有两方面的优势，具体内容如图 8-16 所示。

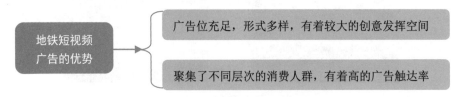

图 8-16　地铁短视频广告的优势

当然，在进行地铁短视频广告的运营推广时，运营者要注意区域化、精准化。不同地区的地铁，其短视频广告内容应该具有差异性，如湖南特产黑色经典臭豆腐的短视频广告，其选择的目的地就是长沙地铁，具有明显的区域性，如图 8-17 所示。

图 8-17　长沙地铁中的短视频广告示例

更重要的是，即使在同一座城市，每条地铁线由于其路线的不同，乘客也会有很明显的属性差异，那么短视频广告也应该进行个性化、精准化投放。例如，一般通往火车站、机场的地铁线，乘客或是旅游，或是路过，运营者可以播放一些城市或周边的具有特色的景点、特产等，从而实现推广。

8.3.2　商圈广告，明确推广

城市商圈聚集起来的一般是年轻、时尚和有个性的消费者，消费者属性非常明显，因此选择通过短视频来投放商圈广告的广告主也很明确，一般是处于时尚或科技前沿的品牌，其类别如图 8-18 所示。

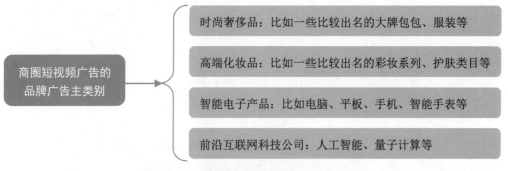

图 8-18　商圈短视频广告的品牌广告主类别

当然，商圈通常具有地理优势，能够聚焦大量的人流，因此位于商圈中的短视频广告，价格一般都比较贵。一般都是通过商场内外的大广告屏来展示，这样能让更多的人注意到，如图 8-19 所示。

图 8-19　商圈短视频广告示例

8.3.3 候车广告，视频推广

人们想要乘车的时候，由于每一趟车之间的距离较长，总是会遇到需要等车的情况，如公交车的候车亭，有时甚至需要在那里停留半小时以上。

在候车时，人们总是会感到无聊和尴尬，这时就需要一个关注点来满足人们的视觉需求。如果在公交候车亭播放短视频广告，那么即便那个广告已经看了很多次，为了在无聊时打发时间，人们还是会选择去观看。

这样的短视频不仅能满足人们的视觉需求，让人们观看到有意思的画面和有趣的内容，还能进行短视频推广。同时，这一方式具有极大的推广优势，具体分析如图 8-20 所示。

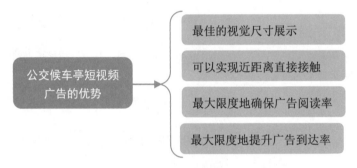

图 8-20　公交候车亭短视频广告的优势

例如，图 8-21 所示为公交车内的短视频和图片广告，一般都是以图片或视频的方式呈现，广告的位置也都是在乘车用户一眼就可以看到的地方，十分显眼。

图 8-21　公交车内的短视频和图片广告

8.3.4　社区电梯，稳定推广

社区电梯是推广短视频的一个重要场景，当然也是一个颇具优势的推广方式。虽然这种短视频广告具有资源有限且费用较高的劣势，但还是因为社区用户方面的优势而让一些企业和商家纷纷投入其中。关于社区电梯广告的优势，具体分析如图 8-22 所示。

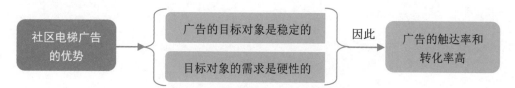

图 8-22　社区电梯广告的优势分析

图 8-23 所示为短视频式的社区电梯广告案例。这则广告时长只有几秒，且其推送的内容也十分符合社区用户的日常需求。该短视频广告内容想要推广的是奶粉和零食，在电梯中非常容易吸引小朋友以及家里有小朋友的家长。

图 8-23　短视频式的社区电梯广告案例

社区电梯属于一个封闭式的空间，待在电梯中，手机信号也不怎么好，当一个人乘坐电梯觉得很无聊的时候，就会看到电梯里的短视频了，这种社区电梯的推广方式不仅可以解闷，还可以有效地推广品牌产品，是一个两全其美的推广方式。

第 9 章

线上线下，商业盈利

学前提示：

《中国网络视听发展研究报告（2023）》中的数据显示，国内短视频用户规模已经达到 10.12 亿。这个数字对于创业者和企业来说，意味着短视频领域有着无限商机，因为其中流量具有关键作用，流量在哪里，哪里的变现机会也就更大。

要点展示：

➢ 流量盈利，视频盈利

➢ 线上网店，直达购买

➢ 线上流量，引至线下

9.1 流量盈利，视频盈利

流量变现是目前短视频领域最常用的商业变现模式，一般是按照粉丝数量或者浏览量来进行结算的。本节主要以抖音平台为例，介绍各种流量变现的渠道和方法，让短视频的盈利变得更简单。

9.1.1 流量广告，商业盈利

流量广告是指将短视频平台上的流量通过广告手段实现现金收益的一种商业变现模式。流量广告变现的关键在于流量，而流量的关键就在于引流和提升用户黏性。在短视频平台上，流量广告变现模式是指在原短视频内容的基础上，平台利用算法模型来精准匹配与内容相关的广告。

流量广告变现适合拥有大流量的短视频账号，这些账号不仅拥有足够多的粉丝，而且他们发布的短视频也能够吸引大量观众观看、点赞和转发。

例如，由抖音、今日头条和西瓜视频联合推出的"中视频计划"就是一种流量广告变现模式，运营者只需在该平台上发布符合要求的横版视频，并达到相关播放量要求，即可有机会获得收益。"中视频计划"的入口位于抖音 App 中的"抖音创作者中心"的"我的服务"面板中，如图 9-1 所示。

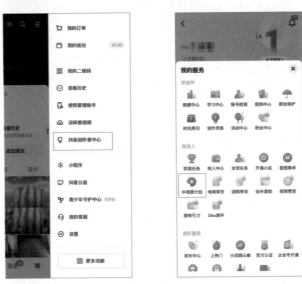

图 9-1 "中视频计划"的入口

运营者可通过点击计划介绍界面中的"立即加入"按钮，如图 9-2 所示，并完成西瓜视频账号和抖音账号的绑定，即可申请加入中视频计划。加入后界面会弹出相关信息框，相关要求如图 9-3 所示。

图9-2　点击"立即加入"按钮

图9-3　中视频计划的相关要求

9.1.2　巨量星图，接单盈利

巨量星图是抖音为运营者和品牌方提供的一个内容交易平台，品牌方可以通过发布任务达到营销推广的目的，运营者则可以在平台上参与星图任务或承接品牌方的任务实现流量变现。图9-4 所示为巨量星图的登录界面，可以看到它支持多个媒体平台。

图9-4　巨量星图的登录界面

巨量星图为品牌方寻找合作运营者提供了更好的途径，为运营者提供了稳定的变现渠道，为抖音、今日头条、西瓜视频等新媒体平台提供了富有新意的广告内容，可见其在品牌方、运营者和各个传播平台等方面都发挥了一定的作用。

（1）品牌方：品牌方在巨量星图平台中可以通过一系列榜单更快地找到符合营销目标的运营者，此外，平台提供的组件功能、数据分析、审核制度和交易保障在帮助品牌方降低营销成本的同时，还能获得更好的营销效果。

（2）运营者：运营者可以在巨量星图平台上获得更多的优质商单机会，从而赚取更多的变现收益。此外，运营者还可以签约MCN（Multi-Channel Network，多频道网络）机构，获得专业化的管理和规划。

（3）新媒体平台：对于抖音、今日头条、西瓜视频等各大新媒体平台来说，巨量星图可以提升平台的商业价值，规范和优化广告内容，避免低质量广告影响用户的观感，或是降低用户黏性。

巨量星图面向不同平台的运营者提供了不同类型的任务，只要运营者的账号达到相应平台的入驻和开通任务的条件，并开通接单权限后，就可以承接该平台的任务，如图9-5所示。

图9-5　巨量星图平台上的任务

运营者完成任务后，可以进入"我的星图"页面，如图9-6所示，在这里可以看到账号通过做任务获得的收益情况。需要注意的是，任务总金额和可提现金额数据默认状态下是隐藏的，运营者可以通过单击右侧的 图标来显示具体的金额。

图9-6 "我的星图"页面

专家提醒

　　平台只会对未签约MCN机构的运营者收取5%的服务费。例如，运营者的报价是1 000元，任务正常完成后，平台会收取50元的服务费，运营者可提现的金额是950元。

9.1.3 全民任务，流量奖励

　　全民任务，顾名思义是指所有抖音用户（包括普通用户与账号运营者）都能参与的任务。具体来说，全民任务就是抖音推出的创作者激励任务，即广告方在抖音App上发布广告任务后，运营者根据任务要求拍摄并发布视频，从而有机会得到现金或流量奖励。

　　与中视频计划一样，全民任务的入口也位于抖音App中的"抖音创作者中心"的"我的服务"面板中，如图9-7所示。进入界面后，弹出"全民任务"的相关介绍信息框，如图9-8所示。

　　界面中还会弹出"如何参与全民任务？"的相关解答，如图9-9所示，以及"怎么查看收益"的相关解答，如图9-10所示。

图 9-7　"我的服务"面板

图 9-8　"全民任务"的相关介绍

图 9-9　"如何参与全民任务？"相关解答

图 9-10　"怎么查看收益"相关解答

　　运营者可以在"任务列表"界面中查看自己可以参加的任务，如图 9-11 所示。选择相应任务即可进入任务详情界面，查看任务的相关玩法和精选视频，并阅读完成任务需要满足的要求，如图 9-12 所示。阅读完毕后，点击"立即参与"按钮即可进入拍摄界面，参与到任务中。

图9-11 "任务列表"界面

图9-12 任务详情界面

全民任务功能的推出，为广告方、抖音平台和用户都带来了不同程度的好处。

（1）广告方：全民任务可以提高品牌的知名度，扩大品牌的影响力；而创新的广告内容和形式不仅不会让用户反感，而且还能获得用户的好感，从而达到营销宣传和获得大众口碑的双赢目的。

（2）抖音平台：全民任务不仅可以刺激平台用户的创作激情，提高用户的活跃度和黏性，还可以提升平台的商业价值，丰富平台的内容。

（3）用户：全民任务为用户提供了一种新的变现渠道，没有粉丝数量门槛，没有视频数量要求，也没有拍摄技术难度，只要用户发布的视频符合任务要求，就有机会得到任务奖励。

用户参与全民任务的最终目的当然是获得任务奖励，那么，怎样才能获得收益，甚至获得较高的收益呢？

以拍摄任务为例，首先用户要仔细阅读任务要求，确保投稿、发布的视频符合任务要求，并尽力保证视频的质量，然后计入任务完成次数，这样用户才算完成任务，才有机会获得任务奖励。

其次，全民任务的奖励是根据投稿视频的质量、播放量和互动量来分配的，也就是说，视频的质量、播放量和互动量越高，获得的奖励才有可能越多。此外，用户还可以多次参与同一个任务，以增加获奖机会，提高获得较高收益的概率。

9.1.4　流量分成，官方盈利

参与平台任务获取流量分成，这是内容营销领域常用的变现模式之一。例如，抖音平台推出的"站外激励计划"就是一种流量分成的内容变现形式，不仅可以为创作者提供站外展示作品的机会，而且还能帮助他们增加变现渠道，获得更多收入。

"站外激励计划"有以下两种参与方式。

（1）打开抖音 App，进入抖音创作者中心，点击"全部"按钮，进入"我的服务"面板，点击"站外激励"按钮，如图 9-13 所示。

（2）收到站内信或通知的运营者，可以通过点击站内信或 PUSH（消息推送）直接进入计划主界面，点击"加入站外播放激励计划"按钮申请加入，如图 9-14 所示。

图 9-13　点击"站外激励"按钮　　　　**图 9-14　点击"加入站外播放激励计划"按钮**

运营者成功加入"站外播放激励计划"后，抖音可将其发布至该平台的作品，授权第三方平台进一步商业化使用，并向运营者支付一定的费用，从而帮助运营者进一步扩大作品的曝光量和提升创作收益。

9.2　线上网店，直达购买

电商变现和广告变现的主要区别在于，电商变现也是基于短视频的形式来宣传引流的，但还需要实实在在地将产品或服务销售出去才能获得收益；而广告变现则只需要将产品曝光即可获得收益。

如今，短视频已经成为极佳的私域流量池，带货能力不可小觑。本节主要介绍抖音平台的电商变现渠道和相关技巧。

9.2.1 抖音小店，快捷盈利

抖音小店（简称抖店）覆盖了服饰鞋包、珠宝文玩、美妆、数码家电、个护家清、母婴和智能家居等多个品类，大部分线下有实体店或者开通了网店的商家，都可以注册和自己业务范围一致的抖店。

抖音小店包括旗舰店、专卖店、专营店、普通店等多种店铺类型。运营者还可以在电脑上进入抖店官网的"首页"页面，其中有手机号码注册、抖音入驻、头条入驻和火山入驻等多种入驻方法可以选择，如图 9-15 所示。

图 9-15　抖店的入驻方式

登录抖店平台之后，会自动跳转至"请选择主体类型"页面，如图 9-16 所示，运营者需要在该页面中根据自身需要选择合适的主体类型（即单击对应主体类型下方的"立即入驻"按钮），然后填写主体信息和店铺信息，并进行资质审核和账户验证，最后缴纳保证金，即可完成抖店的入驻。

目前，抖音平台上的商品大部分都来自抖音小店，因此我们可以将抖音看成是抖店的一个商品展示渠道，其他展示渠道还有抖音盒子、今日头条、西瓜视频等。也就是说，运营者如果想要在抖音上开店卖产品，开通抖音小店便是一条捷径，即使是零粉丝也可以轻松入驻开店。

抖音小店是抖音针对短视频运营者变现推出的一个内部电商功能，通过抖音小店就无须再跳转到外链去购买商品，直接在抖音内部即可实现电商闭环，让运营者更快变现，同时也能为观众带来更好的消费体验。

图9-16   "请选择主体类型"页面

9.2.2　商品橱窗，卖货盈利

　　商品橱窗和抖店都是抖音电商平台为运营者提供的带货工具，其中的商品通常会出现在短视频和直播间的购物车列表中，是一个全新的电商消费场景，消费者可以通过它们进入商品详情页下单付款，让运营者实现卖货变现。

　　运营者可以在抖音的"商品橱窗"界面中添加商品，直接进行商品销售，如图9-17所示。商品橱窗除了会显示在信息流中外，同时还会出现在个人主页中，方便粉丝查看该账号发布的所有商品。图9-18所示为某抖音号的推荐橱窗界面。

图9-17　"商品橱窗"界面

图9-18　某抖音号的推荐橱窗界面

通过对商品橱窗的管理，运营者可以将具有优势的商品放置在显眼的位置，增加观众的购买欲望，从而达到打造爆款的目的。

运营者要将商品橱窗中的商品卖出去，可以通过直播间和短视频两种渠道来实现。其中，短视频不仅可以为商品引流，而且还可以吸引粉丝关注，提升老顾客的复购率。因此，种草视频是实现橱窗商品售卖不可或缺的内容形式，运营者在做抖音运营的过程中也需要多拍摄种草视频。

9.2.3 购物车，分享链接

抖音购物车即商品分享功能（也称为带货权限），顾名思义，就是对商品进行分享的一种功能。在抖音平台中，开通商品分享功能之后，运营者会拥有自己的商品橱窗，可以在抖音短视频、直播间和个人主页等界面对商品进行分享。图9-19所示为抖音短视频中的购物车。

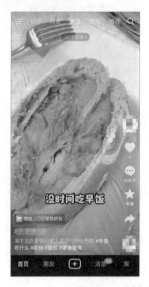

图9-19　抖音短视频中的购物车

开通商品分享功能的抖音账号必须满足两个条件，一是完成实名认证并缴纳作者保证金；二是开通收款账户（用于提取佣金收入）。当两个条件都达成之后，抖音账号运营者便可申请开通商品分享功能，成为带货达人了。

运营者开通商品分享功能之后，最直接的好处就是可以拥有个人商品橱窗，能够通过购物车来分享商品赚钱。在抖音平台中，电商变现最直接的一种方式就是通过分享商品链接为观众提供一个购买商品的渠道。对于运营者来说，无论分享的是自己店铺中的商品，还是他人店铺中的商品，只要商品卖出去了，就能赚到钱。

9.3　线上流量，引至线下

随着互联网的发展，如今用户的大部分消费都集中在了线上，线上的电商平台拥有巨大的流量。如何将线上流量引流至线下门店，推动线下门店的发展，是推广品牌的关键。本节将为大家介绍六个将线上流量引流至线下的方法。

9.3.1　抖音团购，开通条件

抖音团购是一种以抖音为媒介的团购方式，商家通过在线上开通抖音小店，让用户从自己的抖音账号中找到团购链接，满足用户获得优惠价格的需要。抖音团购用户可以选择线上购买线下门店的产品，也可以选择线上购买再快递配送到家。

开通抖音团购，能让用户在线上了解商品的优惠信息，再引导用户去线下购买，这个过程，就将线上的用户流量引流至线下门店。图9-20所示为某商家团购的商品详情界面，用户可以了解到具体的套餐内容、优惠价格，以及门店的详细地址。

图9-20　团购商品的详情界面

开通抖音团购的商家账号需要满足以下三个条件。

- 必须是抖音平台的企业认证用户。
- 需要开通企业支付宝账户（个体工商户可选择经过实名认证的企业法人个人账号）。
- 抖音账号公开发布的视频数量大于等于10，粉丝数量大于等于1 000，其具体要求如图9-21所示。

图 9-21　抖音电商的具体要求

9.3.2　拍摄视频，推广宣传

开通团购之后，商家需要拍摄推广视频，对店内的团购商品进行推广宣传。推广视频能让用户直观地感受到团购商品的内容和体验感，并从视频判断团购套餐是否实惠。拍好推广视频，引起用户的购买兴趣，是将线上流量引流至线下的重要一步。

图 9-22 所示为某火锅店的推广视频，带货达人为大家介绍了火锅套餐的菜品及价格，并到店进行消费，真实直观地为用户展示了团购套餐的内容。

图 9-22　某火锅店推广视频

商家想要拍好推广视频，有以下几个技巧。

（1）真人出镜，线下到店消费，对产品进行真实体验。具有线下门店的品牌商家，展示其在店内的消费过程，能够让用户更有代入感，更愿意到线下门店尝试。

（2）投入付费流量，带动自然流量。抖音投流费用是每天5元人民币，要想开通抖音投流功能，需要在抖音投流官网上进行注册并缴纳相应的费用。

专家提醒

很多的蓝V号并不是一发视频就会有大量的用户观看，尤其是带有团购标识的视频，它们有极大的可能会因为营销性太强而被系统判定为广告，从而导致作品限流。这时就需要投入付费流量，让系统主动地推送到相关用户首页，才能为自己的视频带来更多的自然流量。

9.3.3 同城号，流量扶持

线下门店所需要招揽的用户对距离有一定的要求，距离太远的用户，很难转化为线下门店的流量，因此商家若想要视频被推荐到门店附近的用户首页，可以开通同城号。同城引流可以得到平台扶持，在发布抖音短视频的时候，勾选上同城，就可以获得相对应的同城推荐流量。开通同城号的具体步骤如下。

步骤01 打开抖音App，❶点击▤按钮；❷在右侧弹出的面板中选择"设置"选项，如图9-23所示。

步骤02 在"设置"界面中点击"隐私设置"按钮，如图9-24所示。

图9-23 选择"设置"选项　　　　　　图9-24 点击"隐私设置"按钮

步骤 ⑬ 进入"隐私设置"界面，点击"同城展示"按钮，如图 9-25 所示。

步骤 ⑭ 执行操作后，会弹出新的面板，开启"同城展示作品、直播、位置"功能，如图 9-26 所示，即可开通同城号。开通后的抖音账号，视频会被推荐给同城 10 公里范围内的用户，同时也可定位到周边的城市。

图 9-25 点击"同城展示"按钮

图 9-26 开启相应的功能

专家提醒

同城流量是有限的，谁先拥有更多的同城流量，谁的生意一定不会太差，销量转化也会更快。在同城做宣传就是要先把广告推广出去，让别人知道你在什么地方、做什么行业，长期在同城互动，互相熟悉，以后别人有需要就会去店里消费。所以，广告推广是一个商家长期要做的事情。

9.3.4 精选联盟，共获收益

精选联盟是一个撮合商品和运营者的平台，符合入驻精选联盟要求的商家可以为商品设置好佣金，然后将其添加至精选联盟的商品库，运营者会对商品进行在线选择，然后添加至自己的短视频或直播间内，对商品进行带货推广。在产生商品交易后，双方都会获得收益。

精选联盟适合不会自己拍视频或直播，且视频流量少的新手店铺。通过运营者本人丰富的直播经验和强大的视频拍摄能力，能够有效地为这些新手店铺的商品带来流量，提升订单销量。

那么加入精选联盟有什么条件呢？具体内容如下。

- 开通抖音小店。开通抖音小店的身份可以分为三种类型，分别是企业或公司、个体工商户以及个人，根据不同身份所需要提交的材料也不同，如图 9-27 所示。

图 9-27　"入驻流程"页面

- 开通抖音小店后，即可入驻精选联盟，入驻条件须满足精选联盟的关闭权限次数小于 3 次，商家的店铺体验分大于等于 4.2 分。

满足条件后，即可进入商家后台进行入驻，具体流程如下。

步骤 01 进入"巨量百应"页面，❶单击左侧的"开通联盟"按钮，进入"开通精选联盟权限"页面；❷单击"立即开通"按钮，如图 9-28 所示。

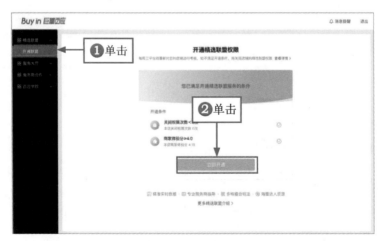

图 9-28　单击"立即开通"按钮

步骤 02 进入阅读协议内容，❶选中"我已认真阅读并充分理解本协议及《巨量百应平台隐私政策》并接受其内容和条款"复选框；❷单击"进入巨量百应 Buyin 平台"按钮，如图 9-29 所示，即可入驻精选联盟。

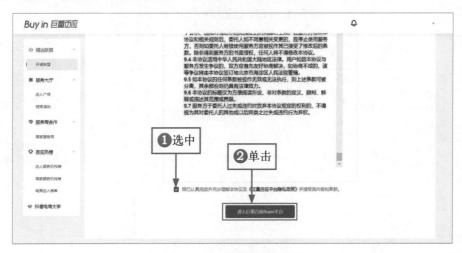

图 9-29 单击相应的按钮

步骤 03 入驻精选联盟后，登录抖音小店后台，切换至"精选联盟"页面。❶在该页面中单击"计划管理"按钮；❷单击左侧的"普通商品"按钮，在页面右下角会显示已经加入精选联盟的商品；❸单击右侧的"添加商品"按钮，如图 9-30 所示，即可添加新的商品到精选联盟。

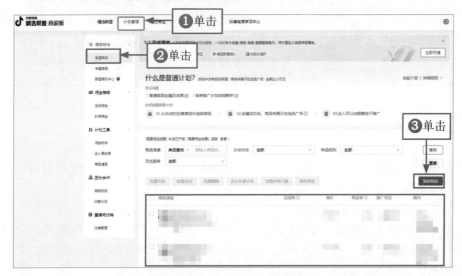

图 9-30 单击"添加商品"按钮

为了提高商家与达人的合作效率，精选联盟平台推出了普通商品、专属商品、定向佣金、阶梯佣金4种商品推广计划供商家使用，商家可以根据需要进行选择，如表9-1所示。

表9-1　精选联盟的商品推广计划

推广计划	简　介	设置佣金的区间	达人可见范围	与达人的合作方式	是否提供样品
普通商品	商品将进入作者侧的选品池，可被四端所有作者搜索、添加、推广；普通计划与专属计划互斥，商品只可以被设置为其中一种；普通计划的佣金只对未设置定向计划的达人生效	1%～50%（不同类目上限以后台显示为准）	所有达人可见商品和佣金率	商品添加到精选联盟里，需要达人自己看	支持设置申样规则
专属商品	仅商家指定的作者可推广相关商品，其他作者不可推广	0～50%（不同类目上限以后台显示为准）	所有达人可见商品，但仅指定达人可推广，指定达人有专属推广导航	线下沟通，先达成合作后设置	支持设置申样规则
定向佣金	为指定的达人设置定向佣金率	0～80%	所有达人可见商品，但定向佣金率仅指定达人可见	线下沟通，先达成合作后设置	支持设置申样规则
阶梯佣金	为达人设置阶梯佣金，达人完成商家配置的门槛销量后，佣金率自动提高	基础佣金率和奖励佣金率均为0～79%，且基础佣金率＋奖励佣金率≤80%	所有达人可见商品，阶梯佣金若不支持公开申请，则指定达人可见；若支持公开申请，则符合报名门槛达人可见	公开：商品添加到精选联盟里，需要达人自己看；不公开：线下沟通，先达成合作后设置	支持设置申样规则

9.3.5　广告位，用户习惯

一条抖音视频在发布之前，可以选择在指定位置上添加定位、团购或外卖，这个位置就是门店推广的广告位。同时，在抖音视频发布后，用户会经常查看评论区的内容，有时也会通过@好友抖音号的方式，吸引其他用户过来。利用好评论区的广告位，也能起到不错的引流效果。

图9-31所示为某日料店视频下方的团购链接，用户在刷到此条视频时，能够看到门店的团购地址，如果用户对产品感兴趣，可以通过点击团购链接的方式，进入团购套餐界面下单。

图9-32所示为团购视频评论区，可以看到商家在评论区留言提醒用户点击链

接可进入团购套餐购买界面。商家可以在第一时间回复用户的评论，这样能让用户感受到被重视，从而增强用户与商家之间的沟通和信任感，不仅提高了视频互动性，一定程度上也能增加视频热度。

图 9-31　视频下方的团购链接

图 9-32　团购视频评论区

专家提醒

　　商家在回复评论区的留言时，不用回复同一个问题，重复的回复方式会使评论区的界面显得机械化，造成用户的排斥心理。商家可以通过点赞的方式表明自己看到了该用户的评论，同时也能大量节省评论和回复的时间。

9.3.6　官方活动，流量互通

　　在大型节日期间，抖音电商平台会开展官方购物活动，如"618"购物节、"双十一"、"双十二"等，在这个时间段，线上用户的流量会非常大，商家可以通过参加官方活动，利用抖音官方的流量扶持在线上进行品牌推广，同时也可以在线下开展优惠活动，使线上线下的流量互通，互相引流。

　　由于官方活动的流量扶持，商家在发布视频时可以添加官方的活动标签，从而得到系统推荐，增加品牌曝光度。

　　图 9-33 所示为某龙虾馆在"618"购物节活动期间所发布的推广视频，商家

在视频下方添加了"抖音 618 好物节"的话题，系统会自动对参与话题的视频给予流量扶持，并推送至相关用户的首页。

图 9-33　某龙虾馆发布的推广视频

图 9-34 所示为某美食博主在五一劳动节活动期间所发布的推广视频，商家在视频下方添加了"为五一假期准备 512G 的胃"的话题，系统会自动对参与话题的视频给予流量扶持，并推送至相关用户的首页。

图 9-34　某美食博主发布的推广视频

第 10 章

直播卖货，提升盈利

学前提示：

在短视频的爆火之下，也带来了"短视频＋直播"模式的想象空间，让直播再一次火爆起来。特别是一些直播网红，利用其本身的强大号召力和粉丝基础，以直播内容打造自己的专属私域流量池，从而实现用户导流和商业变现。本章将为大家介绍直播卖货的技巧、直播选品的技巧、引导购物的方法以及提升转化的方法。

要点展示：

➤ 直播卖货，基本技巧

➤ 选品技巧，如虎添翼

➤ 掌握路径，引导购物

➤ 提升转化，五大技巧

10.1　直播卖货，基本技巧

大多数主播做抖音直播的主要目的，就是通过卖货来获得收益。那么，要如何提高目标用户的购买欲，增加直播间的销量和销售额呢？这一节就来为大家介绍直播卖货的基本技巧。

10.1.1　挖掘卖点，提升优势

商品卖点可以理解成商品的优势、优点或特点，也可以理解为自家商品和别家商品的不同之处。怎样让用户选择你的商品？和别家的商品相比，你家商品的竞争力和优势在哪里？这些都是主播直播卖货过程中要重点考虑的问题。

在观看直播的过程中，用户或多或少会关注商品的某几个点，并在心理上认同该商品的价值。在这个可以达成交易的时机上，能够促使用户产生购买行为的就是商品的核心卖点。找到商品的卖点，便可以让用户更好地接受商品，并且认可商品的价值和效用，从而达到提高商品销量的目的。

因此，对于主播来说，找到商品的卖点，不断地进行强化和推广，然后通过快捷、高效的方式，将找出的卖点传递给目标用户是非常重要的。

主播在直播间销售商品时，要想让自己销售的商品有不错的成交率，就需要满足目标用户的需求点，而满足目标用户的需求点是需要通过挖掘卖点来实现的。

但是，如果满足目标用户需求的商品在与其他商品的对比中体现不出优势，那么商品卖点也就不能称之为卖点了。要想使商品的价值更好地呈现出来，主播需要学会从不同的角度来挖掘商品的卖点。下面来为大家介绍一些挖掘卖点的方法。

1. 结合当今流行趋势

流行趋势就代表着有一群人在追随这种趋势。主播在挖掘商品的卖点时，可以结合当前流行趋势来找到商品的卖点，这也一直是各个商家惯用的营销手法。

例如，当市面上大规模流行莫兰迪色系的时候，在商品的介绍宣传上就可以通过"莫兰迪色系"这个标签吸引用户的关注。当夏天快要来临，大家想穿上材质更为凉爽的冰丝面料时，销售睡衣的主播就可以将冰丝面料作为卖点。

2. 以商品质量为卖点

商品质量是用户购买商品时的一个关注重点。大部分人购买商品时，都会将商品的质量作为重要的参考要素。所以，主播在直播卖货时，可以重点从商品的质量方面挖掘卖点。例如，主播在挖掘商品的卖点时，可以将商家标明的质量卖点作为直播的重点内容，向用户进行详细说明。

3. 借助明星效应

大众对于明星的一举一动都非常关注，他们希望可以了解明星的生活的点点滴滴，从而得到心理上的满足。此时，明星同款就成为商品的一个宣传卖点。

明星效应早已在生活中的各个方面产生了影响，如选用明星代言广告，可以刺激用户消费；再如，明星参与公益活动项目，可以带领更多的人去了解、参与公益。明星效应就是一种品牌效应，它可以起到获取更多人关注的作用。

10.1.2 打造口碑，树立形象

在用户消费行为日益理性化的情况之下，口碑的建立和积累可以给短视频和直播卖货带来更好的效果。打造口碑的目的就是为品牌树立一个良好的正面形象，并且口碑的力量会在传播的过程中不断加强，从而为品牌带来更多的用户流量，这也是商家都希望用户能给好评的原因。

优质的商品和售后服务都是口碑营销的关键，处理不好售后问题会让用户对商品的看法大打折扣，并且降低商品的复购率，而优质的售后服务则能给商品和店铺带来更好的口碑。

口碑体现的是品牌和店铺的整体形象，这个形象的好坏主要体现在用户对商品的体验感上，所以口碑营销的重点还是不断提高用户体验感。具体来说，用户的体验感可以从三个方面进行改善，如图 10-1 所示。

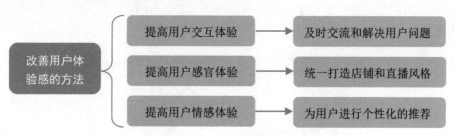

图 10-1　改善用户体验感的方法

10.1.3 同类比较，展示差异

俗话说"没有对比就没有伤害"，用户在购买商品时都喜欢货比三家，然后选择性价比更高的商品。但是很多时候，用户会因为不够专业而无法辨认商品的优劣。此时主播在直播中则需要通过与竞品进行对比，以专业的角度向用户展示产品之间的差异，从而增强商品的说服力和优势。

对比差价在直播中是一种高效的卖货方法，其可以带动气氛，激发用户的购买欲望。相同的质量，价格却更为优惠，那么直播间的商品自然会更容易受到用户的欢迎。常见的差价对比方式就是，将某类商品的直播间价格与其他销售渠道中的价格进行对比，让用户直观地看到直播间商品的价格优势。

例如，某短视频直播间中销售的煲汤砂锅的常规价为 9.9 元，券后价更是只要 7.9 元。此时，主播便可以在电商平台上搜索煲汤砂锅，展示其价格，让用户看到所销售商品的价格优势。

通过对比可以让用户看到，该抖音直播间销售的煲汤砂锅在价格上有明显的优势。在这种情况下，观看直播的用户就会觉得该直播间销售的煲汤砂锅甚至是其他商品都是物超所值的。这样一来，直播间商品的销量便会得到明显的提高。

10.1.4 增值内容，三个技巧

主播在直播时要让用户心甘情愿地购买商品，其中比较有效的一种方法就是为用户提供增值内容。这样一来，用户不仅获得了商品，还收获了与商品相关的知识或技能，可谓是一举两得，购买商品也会毫不犹豫。

那么，增值内容主要体现在哪些方面呢？这里将其大致分为三点，即陪伴、共享以及学到东西。

典型的增值内容就是让用户从直播中获得知识和技能。例如，很多抖音直播在这方面就做得很好，一些利用直播进行销售的商家纷纷推出商品的相关教程，给用户带来更多商品增值服务。

例如，某销售手工商品的抖音直播间中，经常会向用户展示手工品的制作过程，如图 10-2 所示。该直播不仅能让用户看到手工品的制作过程，还会教用户一些制作的技巧。

图 10-2　展示手工品的制作过程

在主播制作商品的同时，用户还可以通过弹幕向其咨询制作商品的相关问题，主播通常也会耐心地为用户进行解答。这样的话，用户不仅通过抖音直播了解了商

品的相关信息，而且还学到了商品制作的窍门，对手工品的制作也有了更多了解。这样一来，直播间商品的销量自然也就上去了。

10.1.5 严选主播，提高关注

商品不同，推销方式也有所不同，在对专业性较强的商品进行直播卖货时，具有专业知识的内行更容易说服用户。例如，观看汽车销售类抖音直播的多为男性用户，并且这些用户喜欢观看驾驶实况，他们大多是为了了解汽车资讯以及买车才看直播的，所以挑选有专业知识的导购，会更受用户的青睐。

在汽车直播中，用户关心的主要还是汽车的性能、配置以及价格，所以更需要专业型的导购进行实时的讲解。

例如，大多数汽车销售类抖音直播中的主播，本身就对汽车的各项信息比较了解，所以其直播时的讲解会比较专业。也正因为如此，许多对汽车比较感兴趣的用户看到该直播之后便很快被吸引住了。

10.1.6 直播预告，提前造势

确定了直播时间和内容之后，运营者可以先发布直播预告，吸引对该直播感兴趣的人群，增加直播获得的自然流量，从而有效地提高直播商品的转化率。例如，在正式进行直播之前，主播可以先通过发布短视频进行直播预告，如图 10-3 所示。

图 10-3 通过发布短视频进行直播预告

10.1.7　提升满意，三个技巧

直播带货中产品的好坏会影响用户的体验，所以我们可以从以下几点来选择带货的产品，从而增加用户对产品的满意度。

1. 选择与主播人设相匹配的产品

网红或者明星进行短视频和直播带货时，可以选择符合自身人设的产品。例如，作为一个美食爱好者，你可以选择美食产品进行带货；作为一个健身博主，你可以选择运动服饰、健身器材等产品进行带货；作为一个美妆博主，你可以选择化妆品、护肤品等进行带货。

2. 选择一组可配套使用的产品

用户在进行产品购买时，通常会与同类产品进行对比，如果单纯利用降价或者低价的方式，可能会使得用户对产品质量产生担忧。

但是利用产品配套购买优惠或者赠送礼品的方式，既不会让用户对产品的质量产生怀疑，还能让用户产生产品在同类产品中相对划算的想法，从而让用户觉得买到就是赚到。

在服装的直播中，可以选择一组已搭配好的服装进行组合销售，既可以让用户在观看直播时，因为觉得搭配好看而进行下单，还能让用户省去搭配的烦恼，对于那些不会进行搭配的用户来说，这不失为一种省时又省心的做法。

3. 选择一组产品进行故事创作

运营者和主播在筛选产品的同时可以利用产品进行创意构思，加上场景化的故事，创作出有趣的直播带货内容，让用户在观看直播时对产品产生好奇心，继而下单购买。故事的创作可以是某一类产品的巧妙利用，介绍这个产品异于同类产品的功效；也可以是产品与产品之间的巧妙搭配、产品与产品之间的主题故事讲解等。

10.1.8　体现质量，提高销量

要想让用户能够信任你的产品，在直播间下单，最重要的是诚意，要展现出你所销售的产品质量，客户才会买单，卖货的销量才能够提高。

1. 展现生产场景

因为在直播间购买商品属于网购的一种，而许多人又有不太好的网购体验。因此，许多用户在抖音上购买商品时，会有一些疑虑。如果是价格比较低的产品，可能用户还会抱着试一试的心态下单购买；如果产品的价格比较高，那么用户就会比较慎重了。

面对这种情况，抖音账号运营者可以通过展现生产场景的方式，让用户觉得产

品值这个价，并放心购买短视频中的产品。

图 10-4 所示为手工制作毛线鞋的直播间，其售卖价格比较高，一般人看到价格后可能会望而却步。于是，该视频中直接将鞋子的生产过程展现出来，让用户明白，视频中的毛线鞋都是手工一针一线编织出来的，毛线鞋的质量是有保障的，而且就值这个价格。

图 10-4　展现制作场景的短视频

2. 原产地采摘产品

用户购买产品的关注点会因为产品的种类而出现一定的差异。对于一般的产品，大多数用户可能会比较关注价格；对于一些使用频繁的产品，用户可能会比较关注产品的耐用程度；而对于一些食物类产品，如生鲜类产品，用户可能会比较关注产品的新鲜程度。

假如，你想告诉用户，你销售的产品是非常新鲜的，其中一种比较有效的方法就是用短视频呈现产品的原产地，甚至直接呈现在原产地采摘产品的场景。这样用户看到之后就会觉得你的产品是有质量保障的。

图 10-5 所示为博主为了让用户看到自己所销售的杧果是在海南现摘的，直接在杧果树下开启了直播，展示了杧果从树上采摘下来的过程。

用户看到这个视频之后，就会觉得这家的杧果不仅是原产地直接采摘，而且产量大，为了保证口碑，产品的质量应该不会差。这样一来，用户自然会更愿意购买这家的杧果了。

图 10-5　原产地采摘产品的短视频

10.2　选品技巧，如虎添翼

在通过抖音直播卖货的过程中，运营者可以选择合适的商品，将其添加至橱窗中售卖。本节为大家讲解抖音选择货品的常用方法。

10.2.1　优势选品，提升意愿

在抖音账号的运营过程中，运营者可能会获得一些优势，如图 10-6 所示。

在通过抖音直播卖货的过程中，运营者可以根据自身的优势来选择适合自己的品类，这样用户会更愿意购买你的商品，而你获得的收益也会更有保障。

例如，美食博主可以选择将食品饮料类商品添加至抖音直播间中进行卖货。

10.2.2　排行榜，用户喜欢

通常来说，很多数据分析平台都有一些与商品相关的排行榜，商家和运营者可以参考这些排行榜进行选品，选择受用户欢迎的商品进行卖货。下面就以蝉妈妈平台为例，为大家讲解查看排行榜的操作方法。

步骤 01　进入蝉妈妈平台，❶单击"商品"按钮；❷在弹出的页面中单击"直播商品榜"按钮，如图 10-7 所示。

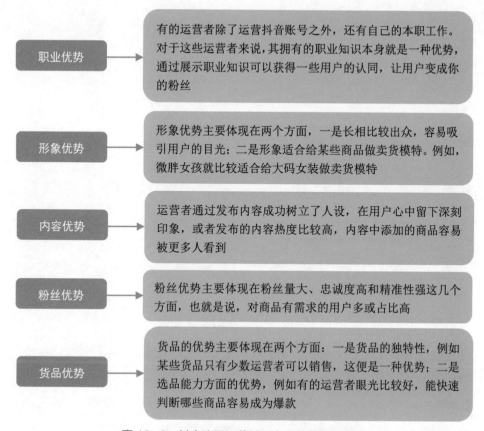

职业优势 → 有的运营者除了运营抖音账号之外，还有自己的本职工作。对于这些运营者来说，其拥有的职业知识本身就是一种优势，通过展示职业知识可以获得一些用户的认同，让用户变成你的粉丝

形象优势 → 形象优势主要体现在两个方面，一是长相比较出众，容易吸引用户的目光；二是形象适合给某些商品做卖货模特。例如，微胖女孩就比较适合给大码女装做卖货模特

内容优势 → 运营者通过发布内容成功树立了人设，在用户心中留下深刻印象，或者发布的内容热度比较高，内容中添加的商品容易被更多人看到

粉丝优势 → 粉丝优势主要体现在粉丝量大、忠诚度高和精准性强这几个方面，也就是说，对商品有需求的用户多或占比高

货品优势 → 货品的优势主要体现在两个方面：一是货品的独特性，例如某些货品只有少数运营者可以销售，这便是一种优势；二是选品能力方面的优势，例如有的运营者眼光比较好，能快速判断哪些商品容易成为爆款

图 10-6　抖音账号运营过程中可能获得的优势

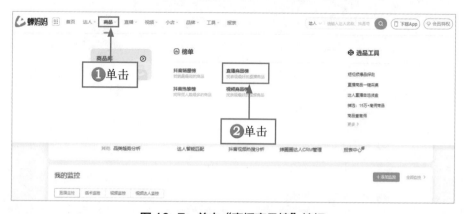

图 10-7　单击"直播商品榜"按钮

步骤 02 执行操作后，进入"商品榜"页面，并自动切换至"直播商品榜"选项卡，如果运营者要查看某类商品在直播中的销量，可以单击该类别对应的按钮，这里以

"生鲜蔬果"为例，如图 10-8 所示。

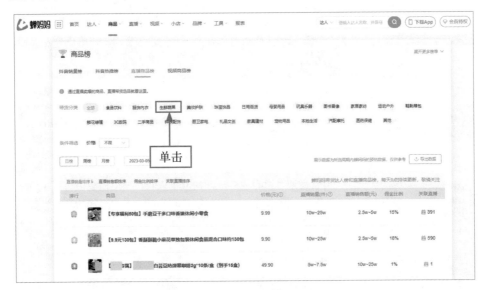

图 10-8　单击"生鲜蔬果"按钮

步骤 03　执行操作后，即可查看生鲜蔬果类商品的直播销量排行情况，如图 10-9 所示。

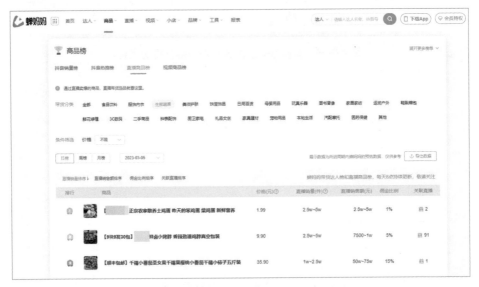

图 10-9　查看生鲜蔬果类商品的直播销量排行

步骤 04　除了"直播商品榜"之外，运营者还可以通过其他榜单来选择卖货商品。

具体来说，运营者可以切换至"抖音销量榜"选项卡，如图 10-10 所示，查看一段时间内抖音平台的商品销量排名情况。

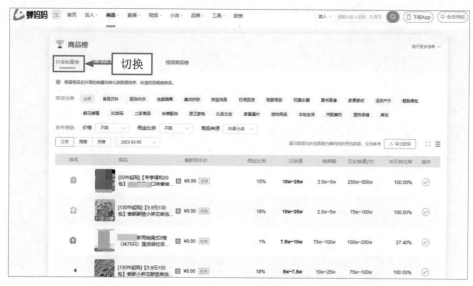

图 10-10　切换至"抖音销量榜"选项卡

步骤 05　如果运营者要了解哪些商品比较受卖货达人的欢迎，可以切换至"抖音热推榜"选项卡，查看哪些商品受到了卖货达人的推荐，如图 10-11 所示。

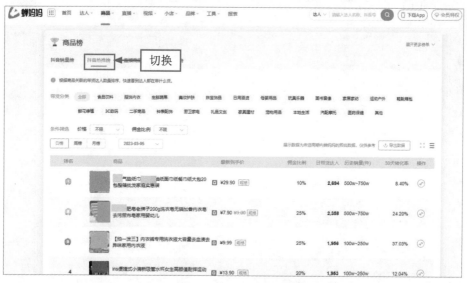

图 10-11　查看"抖音热推榜"

步骤⑥ 除了查看商品榜，运营者还可以单击页面右上方的"展开更多榜单"按钮，在展开的列表中单击相应榜单进行查看，了解更多商品和达人数据，如单击"今日带货榜"按钮，如图 10-12 所示。

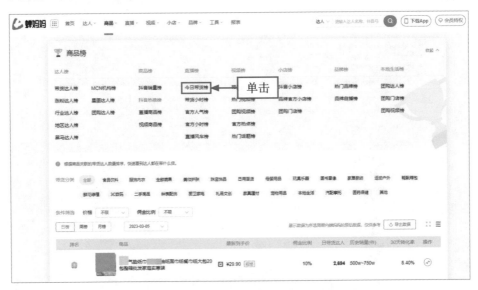

图 10-12　单击"今日带货榜"按钮

步骤⑦ 执行操作后，运营者可以查看当天各个直播间和达人的销售额排名情况，如图 10-13 所示。

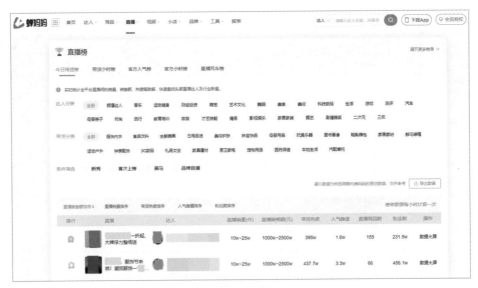

图 10-13　查看各个直播间和达人的销售额排名情况

专家提醒

运营者可以单击图 10-13 中卖货达人的抖音号名称或头像，进入该账号"卖货分析"页面的"商品列表"板块，查看其卖货商品的相关数据。

10.2.3　店铺评分，用户看中

部分用户在选择商品时，可能会比较看重商品所在店铺的评分，如果店铺评分太低，用户可能会觉得该店铺销售的商品不太靠谱。对此，运营者可以查看店铺评分，并选择评分较高的店铺中的商品进行带货。

运营者要在"我"界面中点击"商品橱窗"按钮，进入"商品橱窗"界面，点击"选品广场"按钮，进入"抖音电商精选联盟"界面，才能查看相应的店铺评分。

步骤 ⑴　在"抖音电商精选联盟"界面的搜索框中输入商品关键词，对商品进行搜索，点击搜索结果中对应商品所在的位置，如图 10-14 所示。

步骤 ⑵　执行操作后，即可进入商品推广信息界面，运营者可以在商品标题的下方查看商家体验分，如图 10-15 所示。

步骤 ⑶　除了商家体验分之外，运营者还可以查看店铺的其他评分情况。具体来说，运营者只需向上滑动界面，即可在店铺名称的下方查看其商品体验分、物流体验分和商家服务分，如图 10-16 所示。

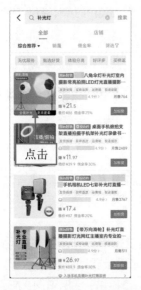

图 10-14　点击商品所在的位置　　图 10-15　查看商家体验分　　图 10-16　查看其他评分

10.2.4 用户评价，精准选品

运营者可以查看用户对商品的评价，并选择好评率较高的商品进行带货。具体来说，运营者可以通过如下操作查看用户对商品的评价。

步骤01 进入某商品的推广信息界面，点击"商品评价"选项区右侧的"好评率 ××.×%"按钮，如图 10-17 所示。

步骤02 执行操作后，即可进入"商品评价"界面，查看用户对商品的具体评价，如图 10-18 所示，运营者可以选择用户评价比较好的商品进行橱窗卖货。

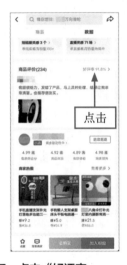

图 10-17　点击"好评率 ××.×%"按钮　　　　**图 10-18　查看用户的具体评价**

10.3　掌握路径，引导购物

用户从查看直播间内容到完成购物是有一定路径的，运营者和商家要想提升销量，就要掌握直播间用户的购物路径，一步步引导用户完成购物。

10.3.1　提升点击，两种方法

增加直播间曝光和内容吸引力的方法有很多，这里重点为大家讲解两种方法。一种是对直播间进行定位，让同城用户可以看到你的直播；另一种是编写对用户有吸引力的直播标题。

运营者只需在"开直播"界面设置信息时显示自身定位，那么开启直播之后，同城板块中便会出现直播入口。具体来说，用户可以通过如下步骤找到直播入口。

步骤01 打开抖音 App，在"同城"选项卡中点击"长沙"按钮，如图 10-19 所示。

步骤 02　执行操作后，会弹出相应的界面，点击"直播"按钮，如图 10-20 所示。

图 10-19　点击"长沙"按钮

图 10-20　点击"直播"按钮

步骤 03　执行操作后，进入直播界面，如图 10-21 所示。

步骤 04　往下滑动屏幕可以切换直播间，同时，会显示"点击进入直播间"按钮，如图 10-22 所示，点击该按钮，即可进入直播间。

图 10-21　进入直播界面

图 10-22　显示"点击进入直播间"按钮

运营者在编写直播标题时，可以通过增加与"低价"和"福利"相关的字眼，来吸引用户点击查看直播内容。图 10-23 所示为两个直播的标题，可以看到这两个标题中增加了"彻底清"和"破价"等对用户比较有吸引力的字眼。

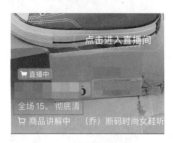 

图 10-23 对用户有吸引力的标题

10.3.2 停留互动，增加时间

用户点击进入直播间之后，如果觉得内容没有吸引力，可能就会选择马上离开。因此，如果运营者和商家要提升销量，就需要多与用户互动，增加他们的停留时长，以增加用户的下单概率，其中比较常见的方法有以下四种。

● 发放倒计时红包，等倒计时结束之后，用户才可以领取。图 10-24 所示为 OPPO 的官方直播间，可以看到该直播间中给用户发放了一个倒计时红包。

图 10-24 OPPO 官方直播间发放的倒计时红包

● 根据直播间的在线人数来做活动，如当在线人数达到 1 000 的倍数时开启秒杀活动。

● 根据直播间的点赞量和关注量为用户提供福利，如当直播间点赞量达到 100 万次时进行一拨抽奖。

● 要求用户进行评论，并给参与评论的用户免费赠送礼品，如通过"福袋"功能进行评论抽奖。图 10-25 所示为某个服装直播间，可以看到该直播间中便是通过"超级福袋"功能来引导用户评论的。因为要等到倒计时结束之后才能开奖，所以大多数用户都会坚持到倒计时结束。

图 10-25　某服装直播间的"超级福袋"

10.3.3　商品曝光，提升点击

除了让用户停留在直播间之外，运营者和商家还得想办法提高商品的点击率，并引导用户进行下单。那么，如何提高直播商品的点击率呢？关键的一点在于提高直播商品的曝光率，让用户看到商品之后想要查看商品详情。

对此，运营者和商家可以在直播中对商品进行详细展示，重点介绍其优势，增加用户对商品的了解，如图 10-26 所示。

图 10-26　在直播中对商品进行展示

当直播中正在讲解某个商品时，用户可以点击▉按钮，进入直播商品界面，点击该界面中的"看讲解"按钮，如图 10-27 所示。随后就会进入所想看商品的"讲解回放"界面，如图 10-28 所示。

图 10-27　点击"看讲解"按钮

图 10-28　"讲解回放"界面

可以看到直播间的右下方出现了一个小弹窗，如图 10-29 所示。用户点击小弹窗，便可以查看当前正在讲解的商品详情，如图 10-30 所示。

图 10-29　点击小弹窗

图 10-30　商品详情界面

这种方式比通过直播间查找商品并查看对应的商品信息要方便得多。因此，如果直播间中出现了小弹窗，而用户又对正在讲解的商品感兴趣，那么大多数用户都会愿意点击查看讲解中的商品。

10.3.4 提升转化，引导下单

让用户点击查看商品信息，只是增加了商品的曝光率。如果主播和商家的目的是提升销量，那么还需要在增加商品曝光率的基础上，提高订单的转化率，让更多用户购买商品。

对此，主播和商家需要通过直播增加商品对用户的吸引力，从而让用户觉得在你的直播间购物很划算。

为了达到这个目的，主播和商家可以通过直播间展示商品的各种优势，还可以通过各种活动给用户一定的福利，使用户感觉到在该直播间购买会更加划算，物超所值。

图 10-31 所示为部分直播间的直播画面，可以看到这些直播间便是通过贴纸展示满赠（即购物金额达到一定数量时，免费赠送物品）信息的方式来吸引用户下单的。

图 10-31　展示直播满赠信息

也正是因为优惠力度比较大，再加上直播间中的部分商品本来就对用户有一定的吸引力，所以直播间的很多用户都会愿意在这两个直播间购买商品。这样一来，这两个直播间的订单转化率自然也就提高了。

10.3.5 提升复购，三个策略

对于部分运营者和商家来说，虽然直播的订单量和转化率都比较高，但是直播间的复购率却难以获得提升。长此以往，直播间的订单量很有可能会变得越来越少，获得的效益也会逐步递减。

那么，运营者和商家要如何提升直播间的复购率，让用户持续贡献购买力呢？运营者和商家可以参考以下几个策略。

- 提高售后服务水平，让用户在得到商品的同时，还能享受优质的服务。
- 给用户一些意外之喜，在不告知用户的情况下，免费赠送一些小物品。
- 给用户发送购物红包，让用户下次购物时可以享受到一定的优惠。

10.4 提升转化，五大技巧

直播卖货的关键在于提升直播间的转化效果，让更多用户愿意购买商品。这一节为大家讲解几个直播卖货的技巧，让大家可以有效地提高直播间的订单量，从而获得更多的收益。

10.4.1 选择主播，重中之重

在抖音电商直播中，直播的效果与出镜的主播有着很大的关系，如果运营者和商家选择的是比较有说服力的主播，用户在看到主播的表现之后会更愿意下单购买商品。那么，运营者和商家要如何选择合适的主播呢？

运营者和商家可以先了解主播的招收方法，这样会更容易招到满意的主播。通常来说，主播的招收方法主要有以下四种。

（1）校企合作：与各类学校进行合作，直接输送条件相匹配的实习生进行孵化，培养成为主播。优点是量大、薪资要求低，缺点是不稳定、依赖孵化。

（2）内部转岗：制定岗位调整措施，进行人员的内部转岗，将客服、前台、销售等岗位转化为主播岗位。优点是稳定、薪资合理，缺点是量小、依赖孵化。

（3）社会招聘：新增岗位需求，通过人事体系进行社会招聘，选用有经验的成熟主播和想要从事主播行业的新人。优点是成熟、即聘即用，缺点是参差不齐、薪资要求高。

（4）机构合作：与各类主播培训机构合作，选择经过培训并且适配自己的主播进行直播。优点是量大、即聘即用，缺点是薪资要求高、不稳定。

了解了主播的招收方法之后，运营者和商家还可以根据需要确定要选择的主播类型。如果运营者和商家要选择的是萌新主播，那么可以重点从意愿度、性格类型、抗压能力和情商这四个角度考查主播，具体内容如下。

（1）意愿度：是否愿意从事主播行业并在这个行业长期发展下去。

（2）性格类型：是否为外向型性格，能够在镜头面前展示自己。

（3）抗压能力：是否能接受直播的时差，接受高强度的镜头曝光时间。

（4）情商：面对黑粉仍能保持愉悦的心情，懂得自黑，经得起调侃；懂得说话的艺术，接得住粉丝刁钻的提问，把握得住直播间氛围。

如果运营者和商家选择的是成熟主播，那么可以重点从镜头感、表现力、匹配性和熟练度这四个角度考查主播，具体内容如下。

（1）镜头感：镜头捕捉、角度捕捉、灯光捕捉。

（2）表现力：坐姿、站姿、手势、表情。

（3）匹配性：外形匹配、技能匹配、薪资匹配、作息匹配。

（4）熟练度：从业经验、类目经验、平台经验。

另外，运营者和商家在选择主播时，根据不同行业的需求，也可以从外形、技能、薪资和作息这四个方面对主播的匹配度进行评估，具体内容如图 10-32 所示。

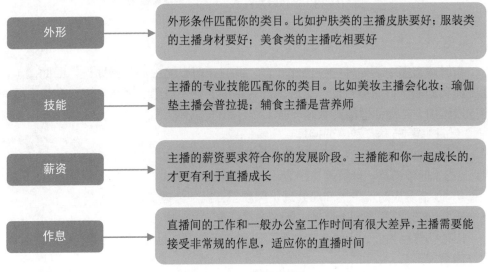

图 10-32 主播匹配度

10.4.2 营造氛围，稀缺抢购

为了提高用户的下单意愿，运营者和商家可以通过秒杀来营造商品的稀缺抢购氛围。具体来说，运营者和商家在做商品秒杀时，可以设置秒杀倒计时，展示已经完成抢购的比例和剩余的商品数量，如图 10-33 所示。这样，用户如果对商品有购买需求，就会把握机会，在倒计时结束或者商品抢购之前，下单购买商品。

图 10-33　通过秒杀营造商品的稀缺抢购氛围

10.4.3　主播助理，深度互动

有时候直播中要处理的事情比较多，此时便可以给主播配备助理（即助播），让主播和助播进行深度互动，更好地提升用户的下单意愿。通常来说，在与主播配合的过程中，主播助理需要做好一些工作，具体内容如下。

（1）掌控节奏：敏感词控屏、气氛把控。

（2）备播品准备：备播品排序、过款产品布置。

（3）促单道具：计算器、秒表、尺码表随时待命。

（4）情况应对：主播离席处理、黑粉差评紧急处理。

（5）带动气氛：制造话题、配合主播成交。

以带动气氛为例，运营者和商家可以通过三种方法让主播和主播助理配合起来，具体内容如下。

● 主播向助理提问 XXX 问题：例如，助理你老熬夜，皮肤是不是特别油？

● 助理自造提前策划好的问题提问主播：咱们这个产品能机洗吗？

● 助理筛选粉丝提出的正向问题提问主播：有宝宝问 XXX 能用吗？

为了让更多用户进入下场直播，运营者和商家可以用感恩回馈的方式来设置趣味收尾，具体方法如下。

● 告知用户下场直播有热卖商品返场，错过了就很难买到了。

● 告知用户下场直播会有活动，或者会有新商品进行出售。

● 下播之前进行一拨抽奖，待抽奖后告知用户下场直播开播再开奖。

专家提醒

优质的带货主播不仅要懂得引导用户进行购物，还要为之后的直播做好铺垫和预热。这样可以吸引更多用户持续关注直播间，从而获得更高的直播收益。

10.4.4　增加时长，三个方法

运营者和商家要想提升直播的转化效果，就需要增加用户的停留时长，维护好直播间的气氛，只有这样才能找到更多引导用户下单的机会。通常来说，运营者和商家可以通过以下方法增加用户的停留时长。

- 通过直播获得用户的信任，提高用户的互动意愿。
- 不定期地推出福利活动，让用户自愿留下来。
- 根据目标用户制作直播内容，让用户在直播的过程中更有表达欲望。

而直播间气氛维护的主要方式有以下四种。

（1）增加信任：直播间敏感词设置，通过主页后台可设置 10 个敏感词过滤。

（2）引导关注：关注主播，加热粉丝团，享受专属福利。

（3）弹幕飘屏：开播前，直播间特定回复语设置，与粉丝产生共鸣。

（4）念粉丝名字：通过公屏弹出提醒，念出粉丝名字，并欢迎粉丝的到来，提高粉丝的留存率。

10.4.5　粉丝推广，分享直播

运营者和商家团队的力量是比较有限的，要想通过直播裂变营销来提升直播的转化效果，就有必要让粉丝成为推广者。对此，运营者和商家可以将直播间分享给粉丝，并承诺给出一定的奖励，让粉丝自愿推广直播间。具体来说，运营者和商家可以通过以下步骤将直播间分享给粉丝。

步骤 01　点击直播间下方的 按钮，如图 10-34 所示。

步骤 02　执行操作后，弹出相应的面板，点击"分享"按钮，如图 10-35 所示。

步骤 03　执行操作后，会弹出"分享给朋友"面板，点击"微信"按钮，如图 10-36 所示。

步骤 04　执行操作后，会弹出"你的口令已复制"对话框，点击"去微信粘贴"按钮，如图 10-37 所示。

图10-34　点击相应按钮

图10-35　点击"分享"按钮

图10-36　点击"微信"按钮

图10-37　点击"去微信粘贴"按钮

步骤 05 执行操作后，进入"微信"界面，在界面中选择需要分享直播间的微信聊天栏，如图10-38所示。

步骤 06 执行操作后，进入微信聊天界面，❶在输入栏中粘贴口令；❷点击"发送"按钮，如图10-39所示。

图 10-38 选择需要分享的微信聊天栏

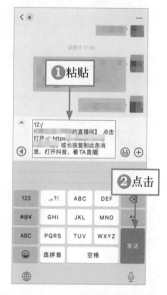

图 10-39 点击"发送"按钮

步骤 07 执行操作后，微信聊天界面中会出现口令，用户可以对此口令进行复制，如图 10-40 所示。

步骤 08 复制该口令后，只要打开抖音，便会弹出直播间信息提示框，如图 10-41 所示，用户点击"打开看看"按钮，便可进入该直播间。

图 10-40 复制口令

图 10-41 直播间信息提示框

第11章

视频带货，提升销量

学前提示：

如今，随着短视频的火爆，带货能力更好的种草视频也开始在各大新媒体和电商平台中流行起来。本章将介绍抖音平台的视频创作技法、发布技巧、视频内容的优化，以及借助营销的方式帮助商家产生更多的成交机会。

要点展示：

➢ 创作技法，拍摄制作
➢ 带货视频，发布技巧
➢ 视频内容，优化方法
➢ 借助营销，引爆销量

11.1 创作技法，拍摄制作

在传统电商时代，用户通常只能通过图文信息来了解产品详情，而如今视频已经成为产品的主要展示形式。因此，对于运营者来说，在抖音平台上带货之前，首先要拍一些好看的产品视频，画面要漂亮，更要真实，必须能够引起用户的购买兴趣。

本节主要介绍外观型产品、功能型产品和综合型产品的视频创作技巧，帮助大家轻松做出爆款带货视频。

11.1.1 外观产品，整体优先

在拍摄外观型的产品视频时，要重点展现产品的外在造型、图案、颜色、结构、大小等外观特点，建议拍摄思路为"整体→局部→特写→整体"。

例如，下面这个遥控跑车玩具产品的短视频，先360°拍摄跑车的整体外观，然后拍摄局部细节和特写镜头，接着拍摄使用遥控后状态的整体外观效果，如图11-1所示。

图11-1　遥控跑车玩具产品的短视频

如果拍摄外观型产品时有模特出镜，则可以增加一些产品的使用场景镜头，展示产品的使用效果。需要注意的是，产品的使用场景一定要真实，很多用户都是"身经百战"的网购达人，他们一眼就能分辨出来产品与描述是否一致，而且这些人往往都是长期的消费群体，运营者一定要把握住这类群体。

11.1.2 功能产品，展示核心

功能型产品通常具有一种或多种功能，能够解决人们生活中遇到的难题，因此拍摄产品视频时应将重点放在功能和特点的展示上，建议拍摄思路为"整体外观→局部细节→核心功能→使用场景"。

例如，下面这个无线鼠标产品的短视频，先拍摄无线鼠标的整体外观，然后拍摄无线鼠标的局部细节和材质，接着通过多个分镜头来演示无线鼠标的各种核心功能及其使用场景，如图 11-2 所示。

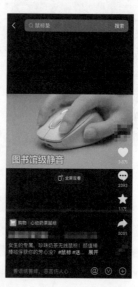

图 11-2 无线鼠标产品的短视频

如果拍摄功能型产品时有模特出镜，同样也可以添加一些产品的使用场景。另外，对于有条件的运营者来说，也可以通过自建美工团队或外包的形式来制作 3D 动画功能型的产品视频，从而更加直观地展示产品的功能。

11.1.3 综合产品，两者兼顾

综合型产品是指兼外观和功能特色于一体的产品，因此在拍摄这类产品时需要兼顾两者的特点，既要拍摄产品的外观细节，同时也要拍摄其功能特点，并且还需要贴合产品的使用场景来充分展示其使用效果。如果是生活中经常用到的产品，则需要选择生活场景作为拍摄环境，这样容易引起用户的共鸣。

例如，手机就是一种典型的综合型产品，不仅外观非常重要，丰富的功能也是吸引用户的一大卖点。图 11-3 所示为一个手机产品的短视频，先是通过情景再现和展示实物产品的方式吸引用户的眼球，接着通过穿插官方图片的方式，全方位地展现手机的外观特色、机身细节和功能特点，让用户对该手机有更深入的了解。

图 11-3　手机产品的短视频

11.1.4　穿搭内容，三个要点

穿搭可以说是抖音平台的热门品类，而且还是人们的生活必需品，在衣、食、住、行里排列第一。服装除了其保暖功能，更可以代表一个人的形象。

越来越多的人开始重视服装是否合适、得体、美观、时尚，但是挑选衣服并不是一件简单的事情，它不仅仅需要花费时间，还要考虑各种特殊情况，这种用户痛点为抖音的运营者带来了很多销售机会。那么，穿搭类的短视频该如何创作呢？下面总结了三点，分别为强烈的个人风格、实用的价值、追寻时下热点。

1. 强烈的个人风格

运营者可以通过突出强烈的个人风格，让用户第一时间记住你。在抖音中，可以看到街头、复古、Y2K、机能、日潮、国风等明确的服装风格，能让用户更快地找到自己喜欢的产品，如图 11-4 所示。当然，运营者也可以发挥自己的个人特色和人格魅力，甚至还可以通过自己对时尚的理解，打造独特的个人风格。

运营者可以根据自己的风格来创建品牌的风格。创建个人品牌并没有想象中那么遥不可及，市面上到处都可以看见新的品牌诞生，个人品牌最重要的就是寻找到自己最擅长的风格，并与其他品牌区分开来。

图11-4　风格强烈的穿搭种草视频示例

专家提醒

　　Y2K 中的 Y 代表 Year，2K 即 2000，这个名字源自一种名为"千年虫"的电脑病毒。Y2K 风格的主要特征是以科技感、配色鲜艳、立体感为设计核心，具有独特的科技感、复古与未来感。机能风来源于赛博朋克，最初是为运动、户外探险、户外作业等需求而设计的服装，最大的特点在于面料和功能性设计。

2. 实用的价值

　　运营者可以多做一些实用性的视频内容，这样更容易获得用户的点赞和互动。例如，穿搭展示的视频内容，建议运营者在视频中增加口播或文字，将搭配的要点和适用的场景告诉用户，或者把品牌或店铺罗列出来，从而便于用户下单。

　　对于潮品推荐类的内容，建议运营者对单品进行详细介绍，或者对同类单品进行对比测评，给出选购建议，这样带货效果通常会更好。

3. 追寻时下热点

　　潮流和趋势是并行的，流行趋势可以是季节、节日等变化，比如新年穿搭，或者提前预告春夏流行色搭配，或者市面上的新品、联名款、限定款等。运营者要时刻保持敏锐的时尚嗅觉，这样可以让你先人一步做出爆款内容。

11.1.5 美妆内容，三个技巧

字节跳动旗下的巨量星图提供的数据显示，无论是接单总金额还是接单数量，美妆达人号都是遥遥领先其他领域的，因此美妆在短视频领域的地位不容忽视。下面介绍一些美妆型视频内容的创作技法。

1. 真实有趣的人设

在抖音平台上，用户可以看到各类妆容教程、护肤心得、好物分享等内容，平台上的美妆短视频达人阵容正在快速增长。在整个抖音电商体系中，美妆都是一个相对成熟的品类，运营者想要脱颖而出必须要有自己的人设，与其他的运营者区别开来。

建议运营者将真实的自己呈现给用户，用你觉得舒服的方式和节奏与用户交流。很多时候，在视频中呈现出一个真实有趣的人设，对于用户来说产生的印象会更深刻。

2. 真诚地分享知识

各种美妆知识很容易吸引用户的关注，其视频内容大致可以分为以下几类。

（1）好物分享。抖音平台鼓励详细介绍单品的内容，运营者尽量一次介绍多款产品，同时亲身试用，这种内容对和运营者有相同肤质的用户更具参考价值，如图 11-5 所示。

图 11-5　好物分享类视频

（2）妆容教程。运营者可以将妆容教程视频中用到的单品都罗列出来，如果是仿妆或变妆等内容，那么最好保留化妆的整个过程。

（3）护肤攻略。运营者既可以从专业的角度分析，也可以从个人角度谈谈自己的护肤心得，为用户带来有用的护肤建议。

3. 紧跟时尚潮流趋势

流行妆容、美妆好物是时刻变化的，运营者必须发掘出热门妆容，紧跟护肤趋势，要做到这一点，建议运营者可以时刻关注各种明星造型和新品上市信息，抢得市场先机，如图 11-6 所示。

图 11-6 新品上市类视频

11.2 带货视频，发布技巧

有了优质的带货视频内容后，运营者还需要将其发布到抖音等平台上，吸引用户关注和购买视频中推荐的产品。本节主要介绍带货视频内容的发布和优化技巧，帮助大家提高短视频的带货能力。

11.2.1 商品分享，获得权益

商品分享功能即抖音的商品橱窗带货功能。开通商品分享功能后，运营者可以获得商品橱窗、带货视频等一系列权益，具体内容如图 11-7 所示。

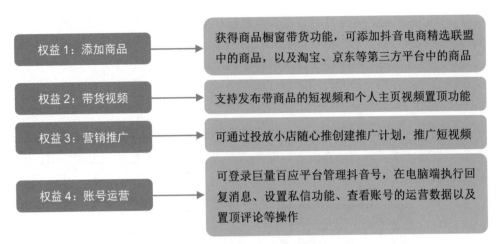

权益1：添加商品 → 获得商品橱窗带货功能，可添加抖音电商精选联盟中的商品，以及淘宝、京东等第三方平台中的商品

权益2：带货视频 → 支持发布带商品的短视频和个人主页视频置顶功能

权益3：营销推广 → 可通过投放小店随心推创建推广计划，推广短视频

权益4：账号运营 → 可登录巨量百应平台管理抖音号，在电脑端执行回复消息、设置私信功能、查看账号的运营数据以及置顶评论等操作

图11-7　商品分享功能的权益

11.2.2　发布视频，添加商品

运营者除了可以在抖音"商品橱窗"的"选品广场"界面中添加商品外，还可以直接在视频的"发布"界面中添加商品。

在抖音"商品橱窗"界面中点击"橱窗管理"按钮进入其界面，点击相应商品右侧的编辑按钮 ⬚，如图11-8所示。进入"编辑商品"界面，在此可以编辑短视频推广标题和选择商品推广图片，如图11-9所示。

图11-8　点击编辑按钮

图11-9　"编辑商品"界面

注意，最上方的商品信息是无法修改的，将会显示在商品详情页和订单页面中。中间的短视频推广标题将在视频播放页面中显示。

在抖音中拍摄或上传短视频后，进入短视频的"发布"界面，选择"添加商品"选项，如图 11-10 所示。进入"我的橱窗"界面，选择相应的商品后点击"添加"按钮，如图 11-11 所示。进入"编辑推广信息"界面，输入相应的商品推广标题并确认，然后发布短视频即可。

图 11-10 选择"添加商品"选项

图 11-11 点击"添加"按钮

运营者要将商品橱窗中的商品卖出去，可以通过直播间和短视频两种渠道来实现，其中短视频不仅可以为商品引流，还可以吸引粉丝关注，提升老客户的复购率。因此，种草视频是实现橱窗商品变现不可或缺的内容形式，运营者在运营抖音账号的过程中也需要多拍摄种草视频。

11.2.3 电商榜单，学习提升

抖音电商平台推出了电商短视频榜单功能，旨在为运营者提供优质的电商内容参考案例，从而帮助运营者更好地拍摄电商短视频。同时，对于上榜的电商短视频作品，平台还会给予运营者荣誉激励，提升优质创作者的影响力。

运营者可以进入巨量百应平台，在"作者成长"页面的左侧导航栏中选择"短视频排行榜"选项，默认显示的是"带货视频榜"页面，如图 11-12 所示。

该页面中默认显示的是添加了购物车商品的电商短视频总榜，同时运营者还可以选择查看服饰内衣、母婴宠物、图书教育、智能家居、生鲜食品、美妆、个护家清或其他行业垂类（垂直类目）榜。

专家提醒

巨量百应，也叫 Buy in，是基于短视频/直播内容分享商品场景，汇聚并连接各作者、商家、机构服务商的综合商品分享管理平台。目前，巨量百应平台支持五类用户登录：达人、机构服务商、小店联盟商家、合作商家及电商平台。

单击视频封面，即可播放预览视频内容

运营者可以根据自己的行业选择查看相应的行业垂类榜

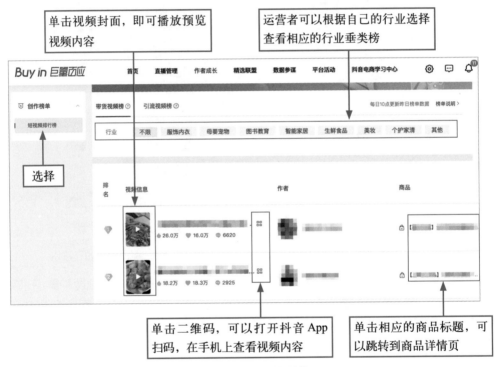

单击二维码，可以打开抖音 App 扫码，在手机上查看视频内容

单击相应的商品标题，可以跳转到商品详情页

图 11-12　"带货视频榜"页面

11.2.4　带货数据，查看明细

运营者可以进入抖店后台的"内容分析"页面，在"抖音短视频"模块中查看短视频的整体数据和明细列表，通过分析短视频带货数据来提升短视频内容质量。

图 11-13 所示为"数据概览"模块，运营者可以根据其中的数据对店铺的整体短视频带货内容质量及效果进行评估，从而决定是否要加大对短视频的投入。运营者可以根据发布月份筛选并查看相应数据指标，了解当月短视频发布数据的变化

趋势、累计达成的成交金额和退款金额。

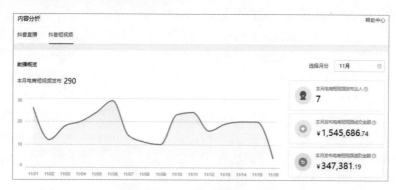

图 11-13　"数据概览"模块

图 11-14 所示为"短视频明细"模块，运营者可以分析各个短视频的数据指标，找出带货效果好的短视频内容及商品，并总结数据较好的短视频内容的共同特征，以此优化其他的短视频内容以及匹配更好的商品。

图 11-14　"短视频明细"模块

专家提醒

　　运营者可以基于短视频的发布日期筛选时间段，然后输入短视频博主的昵称或抖音号，来搜索查看某条短视频的具体带货数据。

11.2.5　分析功能，提升盈利

抖店后台的短视频带货数据分析功能针对的是商家，对于没有开通抖店的带货达人来说，可以通过巨量百应平台的"数据参谋"功能来快速直观地获取到短视频数据，并分析数据明细来提升短视频的变现能力。

运营者可以进入巨量百应平台的"数据参谋"|"更多数据"|"短视频数据"页面查看相关数据，其中主要包括"短视频概览"和"短视频明细"两个模块。

在"短视频概览"模块中，运营者可以查看某个时间段内的视频播放次数、视频点赞次数、完播率、商品展示次数和商品点击次数等核心数据的变化趋势，如图11-15所示，还有该时间段内整体短视频从商品曝光到成交的各环节转化漏斗数据。

在"短视频明细"模块中，运营者可以查看在不同时间内发布的每条短视频的核心数据指标和电商指标，具体包括累计播放次数、累计点赞次数、累计分享次数、累计评论次数、平均播放时长、完播率、累计商品曝光人数、累计商品点击人数、商品点击率、累计成交订单数和累计成交金额。

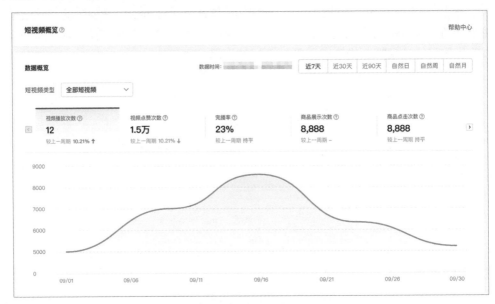

图11-15　"短视频概览"模块

11.3　视频内容，优化方法

在抖音里，可以看到潮流资讯、穿搭指南、彩妆护肤等内容，所有的商品都是围绕"潮流"这个定位进行选品和内容创作的。

在短视频的基础上衍生出直播带货后，很多百万粉丝级别的抖音号都成了名副其实的"带货王"，捧红了不少产品，让抖音成为"种草神器"。本节将介绍抖音平台中带货视频的运营技巧，让短视频成为一种"自动"售货机，同时也让运营者的电商变现之路变得更加顺畅。

11.3.1　带货视频，六大原则

很多运营者最终都会走向带货卖货这条电商变现之路，带货视频能够为产品带来大量的流量和销量，同时让运营者获得丰厚的收入。下面介绍带货短视频的六大基础原则，帮助运营者快速提升视频的流量和转化率。

（1）画质清晰，亮度合适。带货视频的内容画质需要保证清晰，同时背景曝光要正常，明亮度合适，不需要进行过度的美颜、磨皮处理。

（2）避免关键信息被遮挡。注意字幕的摆放位置，不能遮挡人脸、品牌信息、产品细节等关键内容，如图 11-16 所示。

图 11-16　字幕没有遮挡关键信息的视频示例

（3）音质稳定，辨识度高。运营者在给视频配音时，要注意背景音乐的音量不要太大，同时要确保口播带货内容的配音吐字清晰。

（4）背景画面干净、整洁。带货视频的背景不能过于杂乱，尽量布置得干净、整洁一些，让用户看起来更舒适。

（5）画面稳定、不卡顿。在拍摄时切忌晃动设备，避免画面变得模糊不清，同时各个镜头的衔接处要流畅，场景过渡要合理。

（6）真人出镜，内容真实。对于真人出镜讲解产品的视频，平台是十分支持的，尽量不要完全使用 AI 配音，同时要保证商品讲解内容的真实性。

11.3.2　优秀视频，七个要素

与单调的文字和图片相比，视频的内容更丰富，记忆线也比较长，信息传递更直接、更高效，一个优秀的带货视频能带来更好的商品销售业绩。如今，短视频、直播带货如日中天，用户已经没有足够的耐心去浏览商品的图文信息，因此带货视频的重要性不言而喻。那么，优秀的带货视频都有哪些通用的必备要素呢？下面分别进行介绍。

（1）实物展示：包括真实货品、真实使用场景和真人试用等内容。

（2）卖点精讲：每个产品精选 1 ~ 2 个卖点，并进行全方位的重点讲解，如图 11-17 所示。

（3）有吸引力的开头：可以强调用户痛点来引发用户共鸣，然后再利用产品来解决痛点；也可以强调痒点来激发用户的好奇心，然后再引出产品。

（4）功效类产品——对比展示：产品使用前后的对比效果要直观、明显。

（5）非功效类产品——细节展示：近距离拍摄实物产品的特写镜头，展示产品的细节、特色，如图 11-18 所示。

图 11-17　产品卖点讲解

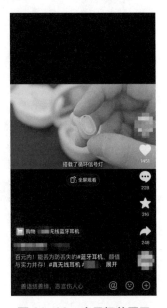

图 11-18　产品细节展示

（6）多种方式测试：展示出产品独有的特性，让用户信服，同时此举还可以加深用户对产品的印象。

（7）退货保障：强调退货免费、验货满意再付款等服务，增强用户下单的信心。运营者可以结合视频的结尾画面，用文字和箭头来引导用户点击"搜索视频同款宝

贝"按钮并下单。

11.3.3　视频标题，五个技巧

对于带货视频的标题来说，其作用是让用户能搜索到，继而促使其进入商品橱窗或店铺购买商品。标题设计的目的是获得更高的搜索排名、更好的用户体验、更多的点击量。

图 11-19 所示为带货视频标题设计的相关技巧，从这些技巧中可以看出，带货视频的标题要基于用户需求来设计。

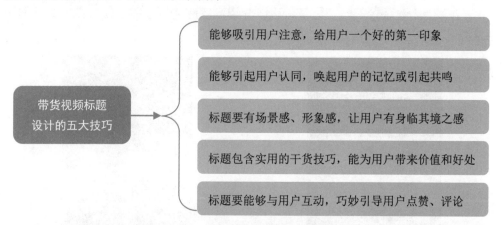

| 带货视频标题设计的五大技巧 |
| 能够吸引用户注意，给用户一个好的第一印象 |
| 能够引起用户认同，唤起用户的记忆或引起共鸣 |
| 标题要有场景感、形象感，让用户有身临其境之感 |
| 标题包含实用的干货技巧，能为用户带来价值和好处 |
| 标题要能够与用户互动，巧妙引导用户点赞、评论 |

图 11-19　带货视频标题设计的五大技巧

带货视频的标题文案相当重要，只有戳中用户痛点的标题才能吸引用户观看视频，从而吸引他们去购买视频中的产品，如图 11-20 所示。

运营者可以多参考小红书等平台中的同款产品视频，找到一些与自己带货商品的产品特点相匹配的文案，这样能够提升创作效率。

例如，运营者可以在带货视频的标题中添加一些"励志鸡汤"的内容元素，并且结合用户的需求或痛点，从侧面来凸显产品的重要性，这样的内容很容易引起有需求的精准用户产生共鸣，带货效果也非常好。

图 11-20　戳中用户痛点的标题文案

11.3.4　高效转化，五类视频

如果用户看完了你发布的短视频，则说明他对你推荐的内容或商品有一定的兴趣。而视频与图文内容相比，可以更细致、直观、立体、全方位地展示商品的卖点和

优势，能够有效刺激用户下单，提高带货商品的转化率。

下面重点介绍可以高效种草转化的五类视频。

（1）横向测评商品类：通过筛选多款商品进行横向测评，帮助用户从多角度快速了解这些商品的特点，如图 11-21 所示。

（2）制作过程展示类：运营者可以在商品的工厂或生产基地进行实拍，或者在视频中真实还原商品的制作过程。

（3）商品深度讲解类：运营者可以从多维度专业介绍商品的卖点、价位等信息，同时还可以分享自己的使用体验。

（4）使用教程攻略类：运营者可以介绍商品的购买攻略、使用技能，帮助用户掌握商品的正确使用方法，如图 11-22 所示。

图 11-21　横向测评商品

图 11-22　使用教程攻略

（5）多元场景展示类：运营者可以拍一些 Vlog 或者情景剧，然后将产品植入其中，同时还可以通过专业团队打造出高稀缺性、高质感的视频内容。

专家提醒

　种草视频可以将日常生活作为创作方向，包含但不限于这几类：穿搭美妆、生活技巧、美食教学、健康知识、家居布置、购买攻略等。

11.3.5 教程视频，三个技巧

当产品需要安装或者功能比较复杂时，如果只是用抽象的图文或说明书来展示这些操作信息，用户可能很难看懂，然后会再次去咨询运营者，这样便增加了运营者的工作量，而且部分不会操作的用户甚至会直接给出差评或投诉。

此时，运营者可以制作一些教程类的带货视频，更直观、细致地演示商品的使用方法，做到一劳永逸，提升用户的购物体验。下面重点介绍教程类带货视频的三个制作技巧。

1. 真人演示使用教程

如果产品的使用难度较大，或者功能比较复杂，如单反相机、汽车用品、化妆品等，运营者可以通过真人口播演示并进行分步骤讲解，指导用户如何去使用这个产品。图 11-23 所示为通过真人演示的方式，展示使用单反相机拍人像的技巧。

图 11-23　真人演示使用教程

> **专家提醒**
>
> 　真人演示使用教程的视频不仅简单明了，而且还可以直击用户痛点，能够让用户深入了解产品的相关信息，增加用户在视频播放界面的停留时间，并形成种草效果，以及提升产品的转化效果。

2. 分享购买技巧攻略

运营者可以给产品做出一系列购买攻略。例如，运营者想帮用户挑选一款物美价廉的化妆品，则可以教用户如何选择购买渠道、如何货比三家更省钱以及如何选到适合自己的化妆品。

3. 分享实用知识技能

运营者可以手把手教用户利用产品解决一些具体的问题，通过分享某种知识、技巧或技能来售卖相关产品。

11.3.6　丰富场景，深挖需求

很多时候，用户打开抖音等 App 可能只是随意翻看，并没有很明确的购买需求，但如果他点击了"搜索视频同款宝贝"按钮，就说明他已经对视频中的产品产生了浓厚的兴趣。此时，运营者需要深挖这些用户的潜在购物需求，通过带货视频将他们带入具体的场景中，从而将其转化为自己的意向客户。

下面介绍各种带货视频的相关场景。

1. Vlog 日常类

运营者可以将带货视频拍成 Vlog，从各种生活和工作场景中展示产品，如记录家庭生活、日常工作、职场趣事、探店、旅游等场景，或者在视频中展示试货、选货等环节，满足用户对生活的憧憬。

2. 主题小剧场类

运营者可以尝试搞笑、反转、情侣日常、职场生活等主题的小情节剧，注意不要模仿过于陈旧的剧情套路，要学会创新和运用热点事件，增加内容的话题热爱。

3. 高质感稀缺视频

高质感稀缺视频是指具备高级质感、稀缺性的视频。这类视频通常由专业视频制作团队合作，具备电影质感、舞台表演风等高质感和稀缺性元素。

11.4　借助营销，引爆销量

在当今社会，酒香还怕巷子深，如果不能掌握一定的营销方法，即便是再好的产品，可能也难以为人所知，也就更不用说变现赚钱了。

运营者要想将产品前景和"钱景"握在手中，就要学会借助营销引爆销量，同时还得掌握一些必要的营销方法。

11.4.1 活动营销，整合资源

活动营销是指整合相关的资源来策划相关的活动，从而卖出产品，提升企业、店铺形象和品牌的一种营销方式。营销活动能够提升用户的依赖度和忠诚度，有利于培养核心用户。

活动营销是各种运营者及商家最常采用的营销方式之一，常见的活动营销种类包括抽奖营销、打折营销和团购营销等。许多运营者通常会采取"秒杀""抢购"等方式，以相对优惠的价格吸引用户购买产品，增加视频的流量，提升产品的销量。

活动营销的重点往往不在于活动的表现形式，而在于活动中的具体内容。也就是说，运营者在做拍摄活动营销的短视频时，需要选取用户感兴趣的内容。否则，可能难以达到预期的效果。

对此，运营者需要将活动营销与用户营销结合起来，以活动为包装，把用户需求作为视频的内容进行填充。比如，当用户因商品价格较高不愿下单时，可以通过给不同的带货博主不同的优惠机制，适度让利，薄利多销。

11.4.2 饥饿营销，供不应求

饥饿营销属于常见的一种营销战略，但要想采用饥饿营销的策略，首先还需要产品有一定的真实价值，并且品牌在大众心中有一定的影响力。否则，目标用户可能并不会买账。饥饿营销实际上就是通过降低产品供应量，造成供不应求的假象，从而形成品牌效应，快速销售产品。

饥饿营销运用得当产生的良好效果是很明显的，对品牌的长期发展十分有利。对于运营者来说，饥饿营销主要可以起到两个作用，具体如下。

（1）获取流量，制造短期热度。这样的热度能够让视频在一段时间内出现在推荐界面，同时又能从推荐界面获得更多的流量，实现变现。

（2）增加认知度。随着此次秒杀活动的开展，许多用户一段时间内对品牌的印象会有一定程度的加深，品牌的认知度也会相应提高。

11.4.3 事件营销，引爆产品

事件营销就是借助具有一定价值的新闻、事件，结合自身的产品特点进行宣传、推广，从而达到产品销售目的的一种营销手段。运用事件营销引爆产品的关键就在于结合热点和时事。事件营销对于打造爆品十分有利。

但是，事件营销如果运用不当，也会产生一些不好的影响。因此，在事件营销中需要注意几个问题，如事件营销要符合新闻法规、事件要与产品有关联性、营销过程中要控制好风险等。

事件营销具有一些特性，即重要性、趣味性、接近性、针对性、主动性、保密

性和可引导性等。这些特性决定了事件营销可以帮助产品变得火爆，从而成功达到提高产品销量的效果。

11.4.4　口碑营销，带动销量

在互联网时代，消费用户很容易受到口碑的影响，当某一事物受到主流市场推崇时，大多数人都会对其趋之若鹜。对于运营者来说，口碑营销主要是通过产品的口碑，进而利用好评带动流量，让更多消费用户出于信任而去购买产品。

常见的口碑营销方式主要包括经验性口碑营销、继发性口碑营销和意识性口碑营销。下面就来分别进行简要的解读。

1. 经验性口碑营销

经验性口碑营销主要是从消费用户的使用经验入手，通过消费用户的评论让其他用户认可产品，从而产生营销效果。随着电商购物的发展，越来越多的人开始养成这样一个习惯，那就是在购买某件产品时一定要先查看他人对该物品的评价，以此对产品的口碑进行评估。而店铺中某件商品的总体评价较好时，产品便可凭借口碑获得不错的营销效果。

2. 继发性口碑营销

继发性口碑营销的来源较为直接，就是消费用户直接在抖音平台和电商平台上了解相关的信息，从而逐步形成的口碑效应。这种口碑往往来源于抖音平台和电商平台上的相关活动。

3. 意识性口碑营销

意识性口碑营销主要就是由名人效应延伸的产品口碑营销，往往由名人的名气决定营销效果，同时明星的粉丝群体也会进一步提升产品的形象，打造品牌。

相比于其他推广方式，请明星代言的优势就在于，明星的粉丝很容易"爱屋及乌"，在选择产品时，会有意识地将自己偶像代言的品牌作为首选。有的粉丝为了扩大偶像的影响力，甚至还会将明星的代言内容进行宣传。

口碑营销实际上就是借助从众心理，通过消费用户的自主传播，吸引更多消费用户购买产品。在此过程中，非常关键的一点就是消费用户好评的打造。毕竟，当新用户受从众心理的影响进入店铺之后，要想让其消费，得先通过好评获得用户的信任。